再考！
縄文と弥生

日本先史文化の再構築

国立歴史民俗博物館・藤尾慎一郎［編］

吉川弘文館

目　次

日本列島の先史文化を考える　　　　　　　　　　　　　藤尾慎一郎……1

第1部　列島周辺の先史文化

南島先史文化と縄文・弥生文化　　　　　　　　　　　　木下尚子……10
　　―沖縄の貝塚文化を中心に―
　Ⅰ　南島先史文化の舞台　10
　　　1　3つの舞台装置　10
　　　2　時代区分と貝塚時代の編年　13
　　　3　装置の時間的・地理的傾斜　18
　Ⅱ　貝塚時代前期文化と縄文文化　18
　　　1　漁撈とイノシシ猟　18
　　　2　堅果類の採集　20
　　　3　沖縄本島中南部の実例　22
　　　4　貝塚前期の物質文化　28
　　　5　貝塚前期の精神文化　28
　Ⅲ　貝塚時代後期文化と弥生文化　29
　　　1　漁撈へのさらなる傾斜　29
　　　2　貝塚後期の物質文化　30
　　　3　貝塚後期の精神文化　31
　　　4　弥生人との接触　32
　Ⅳ　貝塚文化と縄文文化・弥生文化　34

紀元前1千年紀の韓日関係　　　　　　　　　　　　　　李　昌　熙……40
　Ⅰ　韓国の紀元前1千年紀における時代区分　40
　Ⅱ　青銅器時代の韓日関係　46
　　　1　西日本における韓半島系の青銅器文化　46

  2　韓半島南部出土の弥生土器　*52*

 Ⅲ　韓日の土器の併行関係と暦年代　*57*

  1　両地域における紀元前1千年紀の土器型式の炭素14年代　*57*

  2　紀元前1千年紀の韓半島の西日本との関係　*60*

 Ⅳ　紀元前1千年紀の韓日交流―4つの段階設定―　*66*

  1　第1段階―紀元前10世紀後半，韓半島から九州北部への片方向―　*66*

  2　第2段階―紀元前4世紀〜3世紀，韓半島―九州北部双方向の交流―　*67*

  3　第3段階―紀元前2世紀〜後1世紀，交易の開始―　*69*

  4　第4段階―紀元後―　*70*

おわりに　*70*

年代測定における実践的ベイズ編年モデル　　アレックス・ベイリス……*72*

はじめに　*72*

 Ⅰ　年代較正の問題点　*72*

 Ⅱ　ベイズの編年モデリング　*75*

 Ⅲ　ベイズモデリングのプロセス　*81*

  1　問題の定義　*82*

  2　試料の特定　*82*

  3　試料の選定　*86*

  4　試料の提出　*92*

  5　モデルの構築　*93*

  6　モデルの報告　*94*

 Ⅳ　編年のモデリングによる影響　*95*

用　語　解　説　　　　　　　　　　　　　　　　　坂　本　稔……*99*

補　　　　遺　　　　　　　　　　　　　　　　　　坂　本　稔……*103*

第2部　時代の枠組みと文化をとらえなおす

後期旧石器時代から縄文時代への移行期の再検討　　工藤雄一郎……*108*

 Ⅰ　歴博リニューアル展示「大テーマ1　最終氷期に生きた人々」と時代区分　*108*

iv

Ⅱ　1990 年代までの年代観　*112*

　　Ⅲ　1990 年代末頃からの年代観　*115*

　　Ⅳ　福井洞窟の再発掘と年代測定研究の成果　*118*

　　Ⅴ　列島最古の土器群の年代的対比　*118*

　　Ⅵ　土器出現の歴史的意義の再検討　*125*

『縄文』とは何か　　　　　　　　　　　　　　　　　　　山　田　康　弘……*131*
　　　　―その枠組み・文化を再考する―

　　は じ め に　*131*

　　Ⅰ　戦前における「石器時代」の描かれ方　*131*

　　Ⅱ　一国史としての「縄文時代」の誕生　*133*

　　Ⅲ　考古学的にみた「縄文文化」という概念　*139*

　　Ⅳ　techno-complex としての「縄文文化」　*141*

　　Ⅴ　縄文時代・文化における所与の枠組みの限界　*146*

　　お わ り に　*147*

┌─歴博の展示リニューアルと時代区分①──────────────────┐
│　縄文時代のはじまり　　　　　　　　　　　　　　　　山　田　康　弘……*150*　│
└─────────────────────────────────────┘

弥生長期編年にもとづく時代と文化　　　　　　　　　　藤　尾　慎一郎……*159*

　　Ⅰ　問題の所在　*159*

　　Ⅱ　研　究　史　*160*

　　Ⅲ　弥生時代の時間的な範囲　*161*

　　　　1　弥生開始年代の追求　*161*

　　　　2　弥生時代の時間的細分　*164*

　　Ⅳ　朝鮮半島南部と九州北部との関係　*166*

　　　　1　紀元前 1000 年前後から紀元前 8 世紀　*166*

　　　　2　紀元前 7〜前 5 世紀　*166*

　　　　3　紀元前 4〜前 3 世紀　*168*

4　紀元前1世紀　*169*
         5　紀元後1世紀後半　*171*
    Ⅴ　弥生文化の地理的範囲　*172*
         1　水田稲作文化の地域性なのか別の文化なのか　*172*
         2　水田稲作文化の地域性に起因するもの　*175*
    Ⅵ　水田稲作文化の地域性　*176*
    Ⅶ　時代と文化　*183*

┌─歴博の展示リニューアルと時代区分②──────────────────┐
│　弥生時代のはじまり　　　　　　　　　　　　　藤尾慎一郎……*186*　│
└──────────────────────────────┘

弥生時代から古墳時代へ　　　　　　　　　　　　　松木武彦……*193*
　　　──「東アジア墳墓文化」の提唱──
    はじめに　*193*
    Ⅰ　考古資料から見た弥生時代から古墳時代への移行　*194*
         1　墳墓の変遷　*194*
         2　集落の動向　*196*
         3　人工物のパターン変化　*197*
    Ⅱ　「東アジア墳墓文化」の形成　*200*
    Ⅲ　世界史の中の東アジア墳墓文化　*203*
    Ⅳ　弥生時代と古墳時代の世界史的枠組み　*204*

┌─歴博の展示リニューアルと時代区分③──────────────────┐
│　時代区分の名称と展示　　　　　　　　　　　　藤尾慎一郎……*207*　│
└──────────────────────────────┘

編者・執筆者紹介

日本列島の先史文化を考える

藤尾慎一郎

ガラパゴス考古学

　日本列島の先史文化には，古い方から順に，旧石器，縄文，弥生，古墳文化と，北海道の続縄文，擦文（さつもん）文化，奄美・沖縄の貝塚文化がある。このうち，旧石器文化は更新世（こうしんせい）（設定当時は洪積世（こうせきせい））の絶滅動物の時代の文化として世界と共通する部分もあるが，それ以外の日本の先史文化は，日本列島にしか存在しない文化なので，日本の研究者は旧石器文化以降に続く世界共通の先史文化である新石器文化，青銅器文化，鉄器文化との関係をつねに意識して研究を進めてきた。弥生土器の文化が青銅器文化に相当するかどうかをめぐる山内清男（やまのうちすがお）と森本六爾（もりもとろくじ）の論争などはその代表的な例である。

　しかし日本列島がユーラシア大陸の東端という辺境に位置するという地理的な条件もあって，日本の先史文化はきわめて地域色が強いことが，ヨーロッパで設定された先史文化との関係を考える際の支障となってきた。例をあげると，旧石器文化に局部磨製石器があったり，穀物栽培を行っていない縄文文化と新石器文化との関係であったり，石器と鉄器が穀物栽培の開始と同時に併用される弥生文化などは，ヨーロッパの旧石器文化，新石器文化，青銅器文化，鉄器文化にはみられない。このような日本列島においてのみ存在する地域色豊かな先史文化は，時に「ガラパゴス考古学」と呼ばれるゆえんである。

転　機

　こうした状況に転機をもたらした契機となったのが炭素14年代測定法である。この理化学的方法自体はすでに70年近い歴史をもつが，なかでも1980年代以降に主流となってきたのがAMS‐炭素14年代測定法である。この方法はまさしく20世紀終わりの技術革新の賜であり，この方法の登場によってそれまで測ることができなかった極微量の炭化物の測定が可能になったことで，

数々の調査成果が得られた。

 日本列島最古の土器の年代が約3500年さかのぼったことや，水田稲作の開始が500年あまりもさかのぼったことなどが主な成果だが，ここである疑問が生じる。1960年代に最古の土器の年代や水田稲作の開始年代を決めたのも同じ炭素14年代測定だったのに，どうしてこれほど古くなったのか。

 1960年代に用いられたβ法と呼ばれる炭素14年代測定法は，土器と同じ層から出土したと考古学者が認定した木炭や貝殻を試料として測定していたので，時に土器との同時性に疑問があったり，測定するのに必要な1g以上の炭素量を確保するために，時期が異なる可能性がある炭化物をかき集めて試料としてしまうなどの問題があった。

 一方，AMS‐炭素14年代測定法は，測定に必要な炭素の量が耳かき1杯分の1 mgという極微量ですむので，土器に付着しているススやお焦げなど土器との同時性が確実なものを試料とすることができるようになった。

 こうした科学技術の進歩が，縄文土器の出現年代や水田稲作の開始年代を大幅にさかのぼらせた背景にあり，その結果，土器の出現が後氷期から晩氷期までさかのぼったり，水田稲作が紀元前10世紀には始まっていたりすることが明らかになったのである。

何を見直すのか

 土器も水田稲作も，縄文文化や弥生文化がいつ始まるのかを示す指標なので，指標の年代がさかのぼることは，縄文・弥生文化の上限年代がさかのぼることを意味する。上限年代がさかのぼると，文化の見方が大きく変わる可能性がある。

 縄文文化の場合，従来は土器の出現と温暖化が始まる後氷期の開始が一致していたことに意味があったため，縄文文化は氷期が終わり，温暖化する後氷期に適応した文化として認識することができた。しかし，3500年あまりも古く出現していたということになれば晩氷期に土器が出現したことになるので，土器の出現と後氷期の温暖化とは無関係ということになる。

 こうした状況の変化は，いつからが縄文文化なのかという議論を引き起こす。すなわち従来通り土器の出現を指標として縄文文化を考えて後氷期適応と

は切り離す考え方や，逆に縄文文化は後氷期適応の文化だという認識をそのままにして土器の出現と縄文文化のはじまりを引き離し，旧石器文化の土器として考えるのか，などの議論が行われることになる。これはまさしく研究者が縄文文化をどのように認識するのか，という縄文文化像の問題と関わっている（本書，山田論文）。

弥生文化の場合，水田稲作の開始年代の大幅な遡上は，水田稲作のはじまりと鉄器の出現が一致する世界唯一の先史文化という位置づけから，石器文化→金属器文化へと移行する普通の文化という位置づけに変わることを意味する。

2つの例は年代がさかのぼることによって文化の見方が変わることになったわずかな例にすぎない。これらの問題も含めて，縄文・弥生文化を中心とした日本の先史文化を再考するために本書を企画した。

国立歴史民俗博物館（以下，歴博）自ら行った研究の成果をまずは展示を含むいろいろな形で可視化し，その上で，どういう学問的な進展につながるのか，さらに高度化して新しい学問の地平を切り開いていかなければならない。

本書の構成と内容

本書は2部構成である。第1部「列島周辺の先史文化」は，縄文・弥生文化と地理的に接する奄美・沖縄の貝塚後期文化，朝鮮半島南部青銅器・鉄器文化を取り上げた。また炭素14年代測定の本場であるイギリスからは，炭素14年代のベイズ統計モデルについて，日本の考古学を学ぶ大学生・大学院生を対象としたテキストをいただき歴博坂本稔の補遺とともに採録した。

第2部「時代の枠組みと文化をとらえなおす」は，縄文・弥生文化のほかに，前後に存在する旧石器文化と古墳文化を取り上げた。

では各論文について簡単に紹介する。

第1部，木下尚子の「南島先史文化と縄文・弥生文化―沖縄の貝塚文化を中心に―」は，紀元前8400年ごろから始まる貝塚前期文化や，紀元前1千年紀前半から始まる貝塚後期文化と，縄文・弥生文化との関係について論じたものである。

南島先史文化の年代は，九州の縄文・弥生土器との併行関係をもとに決まっていたので，九州北部における水田稲作の開始年代が約500年さかのぼったこ

とをふまえて，貝塚後期文化の開始年代も上がることとなった。その結果，もともと炭素14年代をもとにした年代で復元されていたサンゴ礁の形成過程と同じ時間的な尺度と精度で議論できるようになったため，貝塚後期文化の人びとがサンゴ礁に依存する生活へと変化した背景を説明することができるようになった。

同時に九州北部弥生人との南海産大型巻貝の貝殻をめぐる交流開始年代も上がることになり，交流期間も800年あまりときわめて長いものになった。その反面，貝塚後期文化の人びとは，これだけ長期にわたってコメや金属器を入手してきたにもかかわらず，突如，九州北部弥生人の貝の需要がなくなったことで交流が途切れても，引き続きコメや金属器を得るために自ら積極的に動こうとしなかったことは興味深い。この交流は双方の必要性から始まったのではなく，九州北部側（消費者）の意向のみで行われていたことになるからだ。

李昌熙の「紀元前1千年紀の韓日関係」は，朝鮮半島南部の青銅器文化前期～鉄器文化と弥生文化との約1200年間におよぶ交流の質の変化について論じたものである。この間の交流は，朝鮮半島南部から九州北部，もしくは九州北部から朝鮮半島南部へという双方向のものであり，しかも時期によって交流の中身が異なることを指摘する。李昌熙は3つの段階を設定する。

まず紀元前11世紀に，朝鮮半島東南部の前期青銅器文化の要素である孔列文土器やコメ・アワ・キビなどのイネ科植物が縄文晩期末の九州・中国地方にもたらされる。しかしそれほど大がかりな人の移動を伴うものではなかったのか，縄文社会を根本的に動揺させるほどに大きな影響を与えたわけではなく，土器レベルの属性導入というレベルにとどまるものであった。

次に紀元前10世紀後半に比定される朝鮮半島南部青銅器文化前期末に，水田稲作を生産基盤とする文化複合体が九州北部玄界灘沿岸地域にもたらされる。移住を含む組織的・大規模な人の移動を想定するこの文化的インパクトによって，縄文社会は崩壊して弥生社会が成立する。

紀元前4世紀になると九州北部と朝鮮半島南部との間で双方向の人の動きが活発化する。青銅器や鉄素材を求める九州北部弥生人の朝鮮半島南部への移動であったり，紀元前3世紀にみられる朝鮮半島南部から九州北部への青銅器工人の移住，もしくは招へいであったり，さらには慶尚南道勒島遺跡や長崎県原(はる)

の辻遺跡を拠点とした朝鮮海峡をまたいだ漢韓倭交易の開始である。これまで，楽浪郡が設置される紀元前2世紀末以前に中国との交流は行われていないと考えられていたころと比べると隔世の感がある。

アレックス・ベイリスの「年代測定における実践的ベイズ編年モデル」は，イギリスにおける頻度のセリエーションとAMS-炭素14年代を組み合わせた伝統的なベイズ統計モデルの紹介である。精緻な土器編年が完成し土器型式を使ったウィグルマッチングによって較正年代を絞り込んでいく日本考古学との違いは明らかである。解説を兼ねた坂本稔の「補遺」も興味深い。

第2部は本州・四国・九州の先史文化である。工藤雄一郎の「後期旧石器時代から縄文時代への移行期の再検討」では，約1万6000年前にさかのぼった日本列島における土器の出現が，列島における独立した動きなのか，それとも中国南部や沿海州など東アジアにおける土器の出現との関係（たとえば伝播など）の中で起きた出来事なのかが，重要な論点の1つであった。現状では，中国南部や沿海州と日本との間をつなぐ状況が調査の進み具合の違いもあって追跡できないため，独立した単独の動きとしかいえない現状にあるという。それぞれの地域における資源状況に応じて土器が出現したことになる。また土器の出現を縄文文化のはじまりの指標とすることでは研究史を遵守するものの，もはや土器は後氷期適応として出現するのではなく晩氷期における出来事として，土器が何の目的で作られたのかを報告する。

山田康弘の「『縄文』とは何か—その枠組み・文化を再考する—」は，『つくられた縄文時代』という本を刊行している山田の真骨頂といえる内容である。「縄文」も「弥生」も設定の経緯や背景がきわめてよく似ていることから，弥生文化の枠組み・文化を再考する上では参考になる内容である。

松木武彦「弥生時代から古墳時代へ—「東アジア墳墓文化」の提唱—」は，3世紀代に出現する朝鮮半島と日本列島の墳墓（日本では古墳と呼ばれる）について，両者を分けている基準が朝鮮半島と日本列島という地理的区分以外にあるのか，という疑問から始まって，両地域の前時代との区分についても述べている。松木は，日本列島の場合，「前方後円形墳丘を盛った古墳」の出現を古墳文化の指標とするため，古墳文化のはじまりは箸墓ではなく，それ以前の纒向型前方後円墳に求めることになる。

世界の先史時代における縄文・弥生文化

　最後に縄文・弥生文化は，ヨーロッパの先史文化の何に相当するのか，という点である。

　まず旧石器と新石器の違いを石器製作技術の違いに求めるのではなく，更新世の絶滅動物の時代か，完新世(かんしんせい)の絶滅動物以後の動物の時代か，の違いに求めるとすれば，ナウマンゾウやマンモスなどの大型動物の絶滅時期は，諸説あるが，本州の方が北海道よりも早く絶滅したと考えられている。北海道が約2～1.5万年前，本州は約2万3000年前で，本州の方が早い。

　次に後氷期適応をどこに求めるのかという点であるが，新たな食料資源の開拓に迫られた人びとは，それぞれが居住する生態系の中から選ぶことになるため，西アジアでは野生のイネ科植物（小麦），黄河・長江流域では野生のイネ科植物（コメ，アワ，キビ）であったり，日本列島では森林性の堅果類(けんか)であったりマメ類であった。

　そしてその選択した植物の特性に応じて，イネ科植物を対象とした場合は農耕であったり，クリなどの堅果類を対象とした場合は管理栽培だったりしたのである。そういう意味では，いわゆる古代国家成立へと繋がる穀物農耕へと発展するかどうかは，生態系次第ということになる。

　藤本強が提唱した堅果類を選んだ森林性新石器文化もイネ科植物を選んだ草原性新石器文化と同じで，後氷期の温暖化していく中で，選択した植物の違いを指標に新石器文化を再規定したものである。

　北欧の中石器文化も，後氷期の過程で選択したものが海の資源であったということなので，そういう意味では海性，もしくは海洋性新石器文化といえるのかもしれない。北海道の続縄文文化や，奄美・沖縄の貝塚後期文化も海洋文化に属する可能性がある。

　日本列島の中でもっとも早く温暖化に対応したのは種子島で見つかった3万3000～3万1000年前の立切(たちきり)遺跡である。敲石(たたきいし)や磨石(すりいし)など植物加工具が出土しているのは，最終氷期最寒冷期（Last Glacial Maximum: LGM）以前であっても相対的に温暖化して，利用できる堅果類が実る森林帯が形成されれば，しっかり適応していたことがわかる。土器こそ出現してはいないものの，土器が伴わない温暖化への適応が確実に3.3万年前に存在したことになる。

その後，最終氷期最寒冷期（LGM）が来るので，このような暮らしが連続して続くわけではなく，新石器文化をここまでさかのぼらせることはできないが，少なくともパイロットケースとして一時的な温暖化に対応した森林性食料に依存する生活が存在したことは確かである。

　次の問題は弥生時代である。弥生文化の指標である水田稲作は，G・チャイルドが設定した新石器文化の指標となっている畜養的耕作，すなわち牧畜を行ったあとでその糞尿を肥料として行う半農・半牧の耕作とは明らかに異なる。G・チャイルドが定義した新石器農耕や，朝鮮半島で約9000年前から始まっていたとされるアワやキビの栽培と弥生の灌漑式水田稲作は，その集約度や継続性の面において同じレベルにあるとはいえないからである。

　朝鮮半島南部の場合，青銅器時代になって始まる紀元前15世紀の畑作農耕こそが，弥生稲作と同レベル農耕なのである。しかし青銅器時代とはいっても本格的な畑稲作が始まる青銅器時代早期に金属器はまだ出現していないため，朝鮮半島南部の青銅器文化も，石器時代の畑作農耕から金属器時代の畑作農耕，そして金属器時代の水田稲作へと変遷することになるのである。これは弥生前期末に「新石器弥生」から「金属器弥生」へ転換するという森岡秀人の見方とまったく同じ現象である。

　こうなってくると，日本でも朝鮮半島南部でも土器や生業で区分された時代は，ますます利器の材質による区分とは一致していないということがわかる。

　旧来の旧石器・新石器という利器に使われた材質による区分ではない，人類史的指標による時代区分を行わなければならないと考えている。

　本書は，「人間文化研究機構における博物館・展示を活用した最先端研究の可視化・高度化事業」による成果の一部である。2017年12月に行った同事業による国際シンポジウム「再考！　縄文と弥生」での発表内容をもとに，論文を執筆してもらったものである。

第 1 部
列島周辺の先史文化

南島先史文化と縄文・弥生文化
―沖縄の貝塚文化を中心に―

木下 尚子

　日本列島の南，九州と台湾の間には，1300 km にわたって琉球列島の島々が弓なりに並んでいる。この地域はしばしば「南島」と呼ばれてきた。それは，『続日本紀』文武天皇2年（698）に，種子島，屋久島，トカラ列島，奄美群島をさす総称が「南嶋」であったことに拠っている。これ以後，種子島から与那国島に至る島が段階的に認識されて，近世にはその意味する範囲が琉球列島全域となった[1]。ここでは南島の中でも九州との関係の明らかな沖縄以北を中心に，その文化と九州以北の縄文文化，弥生文化の関係を述べて，南島の先史文化の特質を考えてみたい。

I　南島先史文化の舞台

1　3つの舞台装置

　南島の先史文化を考えるにあたり，自然環境の理解は欠かせない。中でも「亜熱帯気候」と「黒潮」，「島の地形」は，島人の生活にかかわる重要な舞台装置である。

　亜熱帯気候は，限りなく熱帯に近いが冬のある気候とされる。南島の森には，ガジュマル，クワズイモ，マングローブ等，温帯にはみられない熱帯の植物がみられる一方で，西日本と同様のシイ林も卓越している。そこにはスダジイ，オキナワウラジロガシ，マテバシイなどの人々の食糧となる堅果類が豊富である〔新里 2013〕。なお奄美群島以南に生育するスダジイは，沖縄諸島ではしばしばイタジイと呼ばれる。

　黒潮は赤道付近に発して東アジアの海に至る世界最大の暖流である。黒潮は熱帯の水と生物を琉球列島に運び，島々のまわりにサンゴ礁を登場させている

〔堀1990〕。サンゴ礁は造礁サンゴやサンゴモなどの熱帯海域特有の造礁生物ならびにその死骸が海底で堆積してできあがった堤のような地形である。造礁サンゴは表面海水の最寒温度が18℃以上の，光が透過する浅い海域で生長するので，サンゴ礁はこの条件をみたす熱帯地域に限って発達している〔菅2014〕。琉球列島を北上する黒潮は18℃以上の澄んだ水を北に直送することから，中緯度にあるにもかかわらず列島の全域にサンゴ礁が生育するのである（低緯度にある熱帯地域でもプランクトンなどの多い大陸の海岸にサンゴ礁はみられない）。琉球列島のサンゴ礁は黒潮の賜物といってよい。

　南島のサンゴ礁の大半は島に棚状に付いてこれを取り巻くことから裾礁と呼ばれている。裾礁は，満ち潮とともに浜に寄せる魚の群れに巨大なプールを提供し，ときに浜に襲来する高波のエネルギーを弱めて，人々の生活に食糧と安全をもたらした。サンゴ礁は南島人にとって，人をまもり育てる自然であった。奄美・沖縄の人々が，海の彼方や海の底に豊穣の世界を想定する伝統的な観念をもつのは，サンゴ礁の海によせる信頼が根源にあるからだろう。現在私たちが目にする琉球列島のサンゴ礁は，氷河期以降の完新世に，数千年をかけて形成されたものであることがわかっている。以下で論じる南島の先史人たちは，まさにこの形成過程の時間に生きていた。

　サンゴ礁との関連でもう1つ重要なのが，更新世のサンゴ礁が隆起してできた石灰岩地形である。グスクが築かれる台地やガマ（洞窟）は石灰岩地形に特有のもので，こうした地形では湧水が水源となる。階段状の崖をはさんで緩やかな起伏を連続させる台地風景は，照葉樹の山の風景と対照的である。地理学者の目崎茂和氏はこうした島の地形の対照性に注目して，琉球列島の島々を高島と低島に分類した〔目崎1980〕（図1）。これはオセアニアにおける島の分類名である火山島とサンゴ島にほぼ対応するが〔印東2014〕，これよりやや定義の幅が広い。すなわち高島は火山島以外の山地の島を含み，低島はサンゴ島以外に台地の島，砂州の島を含んでいる。2つの類型は，地形，水環境のほかに，土壌，岩石，動物相，植物相においても対照的であることから，この分類は琉球列島の地理的特徴を理解する上で優れた分類になっている。2つの地形を人間の側からみると，石材や動物・植物資源の豊かさにおいて高島が低島に勝る面が多い。南島先史人の生活にも高島の暮らしと低島のそれとの2つのパ

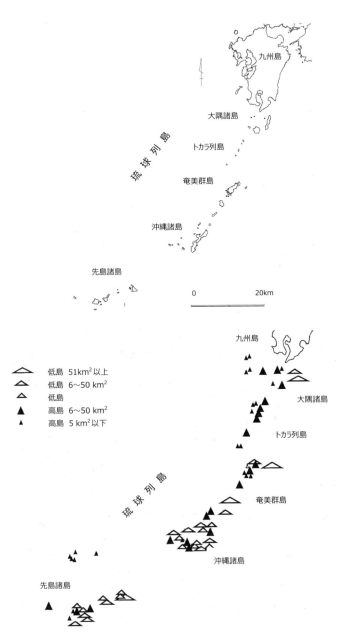

図1　琉球列島の高島と低島〔下図は目崎1980により作成〕

ターンが存在したことを，地形分類から推測することができる。

ところで南九州と沖縄諸島の間には18の島が連続している。それらは，高島が11，高島的要素と低島的要素を併せ持つ島が5，低島が2で，島どうしの平均距離は27.4 km，最短5 km，最長57 kmである。最長距離を測る2つの島は，トカラ列島南端の横当島と奄美大島である。2島はともに高島であるため相互に目視でき，島間の距離が海上移動の障壁にはならなかったであろう。ただもしどちらかが低島であったら人の往来は著しく制限され，九州と沖縄間の往来にいくらかの影響が生じたはずである。

先史時代においてもっとも多くの困難を伴うとみられるのが低島間の往来である。しかしこれも目視可能な距離であれば，人家の煙や雲等さまざまの状況・情報によって人々は航海していたであろう。とはいえこれが容易でないことは，たとえば先島諸島にある2つの低島の関係に示されている。4300〜3300年前，先島諸島の西半では石垣島を中心に下田原式土器をもつ文化が存在した。この文化は石垣島の東34 km多良間島までは伝わるが，そこからさらに46 km東の伊良部島およびその東に接する宮古島には，現在のところ伝わった痕跡がみつかっていない。石垣島は高島，多良間島は低島，伊良部島・宮古島はともに低島である。高島・低島間には往来があるが，低島間にはこれが稀，あるいはほとんどないことを本例は示している。

以上からみて，琉球列島に混在する高島の存在は，資源の面だけでなく人の島伝いの往来にとっても不可欠の要素であったといえよう（図1）。

2　時代区分と貝塚時代の編年

沖縄諸島の先史文化は，九州の影響を断続的に受けながらも強い独自性をもって展開することから，「縄文時代」・「弥生時代」とは別に「貝塚時代」[2] という時代名称が使われてきた。貝塚時代は現在のところ約8000年前から約1000年前まで約7000年間継続した時代で，紀元前10世紀から前6世紀を境に，一定の時間幅をもって前期と後期の2時期に分けられている（前者を貝塚時代前期，後者を貝塚時代後期という）。近年，各地の発掘調査によって貝塚時代早期の資料が増加しており，1万年前を遡る時期の土器も報告されている〔山崎 2017〕。貝塚文化の淵源がさらに遡る可能性は高い。

年代	九州編年	沖縄編年	土器		時期的変化の概要
BC 10000	草創期	未設定		赤色条線文土器	
	早期	前1期	①②③	①赤色条線文土器＊1 ②有型押引文土器 ③南島爪形文土器	シイ属を主体とする照葉樹林 サンゴ礁形成開始（BP8000） 貝塚人の漁撈開始
5000					
4000	前期	前2期	④	④条痕文土器＊2 曽畑式土器	堅果類（シイ，オキナワウラジロガシ等）の利用 サンゴ礁の海面到達
3000	中期	前3期	⑤	南九州縄文土器の継続的登場 ⑤沈線文土器	サンゴ礁の礁原の拡大と防波構造の強化（BP4500 至現在）
2000	後期	前4期	⑥ ⑥	出水式土器・市来式土器 ⑥点刻線文土器	貝塚の増加 サンゴ礁起源の堆積物による海浜地形の形成（BP3500） 津波の来襲（BC3400）
1000	晩期	前5期	⑦ ⑧	⑦肥厚口縁土器 ⑧無文尖底土器	遺跡が台地に展開 クガニイシ形石器の増加，黒曜石製石鏃の増加 遺跡が海岸砂丘に移動開始
BC 1 AD 1	弥生時代（早期/前期/中期/後期）	後1期	⑨ ⑨	弥生土器 ⑨尖底土器	網漁の発達 弥生人との貝交易盛期 海面の相対的な低下（BP2300〜1500）
	古墳時代（前期/中期/後期）	後期		⑩くびれ平底土器	種子島人との交流 鉄器の普及
AD 1000	古代（飛鳥時代/奈良時代/平安時代）	後2期	⑩		「南島」の異郷化 穀物栽培開始
	中世（鎌倉時代/室町時代）	グスク時代 琉球国	⑪	⑪鍋形土器の登場 中国陶磁	三山鼎立

＊1：在地の土器　＊2：斜字体は沖縄に登場した九州の土器　☆ヤコウガイ交易

図2　沖縄諸島貝塚時代の土器編年と時期的変化の概要〔河名2011，新里・高宮編2014，名島2014，国立歴史民俗博物館2014，山崎2017を参照して作成〕

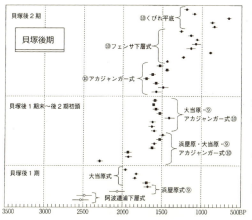

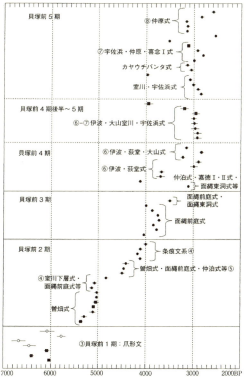

図3　沖縄諸島の貝塚時代 ^{14}C 年代測定値〔名島2014：242～243頁に加筆〕

南島先史文化と縄文・弥生文化　15

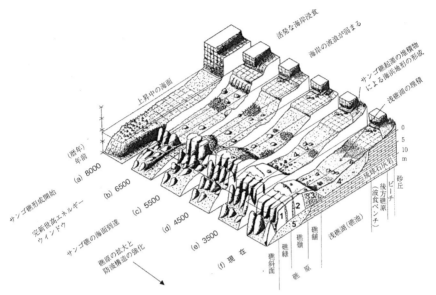

図4 沖縄本島をモデルに描いた現成サンゴ礁形成模式図〔菅 2014：22頁〕
久米島と本部町水納島の調査結果に基づく

　貝塚時代を紀元前10世紀から前6世紀を境に前期と後期に二分するのは，この時期を境に多くの遺跡が石灰岩台地周辺から海岸砂丘に移動し，これに対応して生業のバランス，住居の形状，土器の形状が連動して大きく変わり，この時期が変化の画期とみられるからである。この変化は島の各地において，遺跡の立地では紀元前10世紀から前6世紀の間のどこかで，土器型式では2つの型式（仲原式と阿波連浦下層式）をまたいで進行したとみられる。こうして貝塚後期と呼ばれる時期が始まり，サンゴ礁の海と海岸砂丘における生活が千数百年続いた。10世紀から12世紀になると人々は穀物農耕を開始し，集落は再び台地上に展開するようになる。この時期をもって南島の先史時代（貝塚時代）はおわり，原史時代（グスク時代）が始まる。

　図2（14頁）は，九州の縄文・弥生時代編年と対比的に示した沖縄の貝塚時代の編年表である。各時期の絶対年代（炭素14年代の較正年代）は，図3を参照されたい〔名島2014〕。

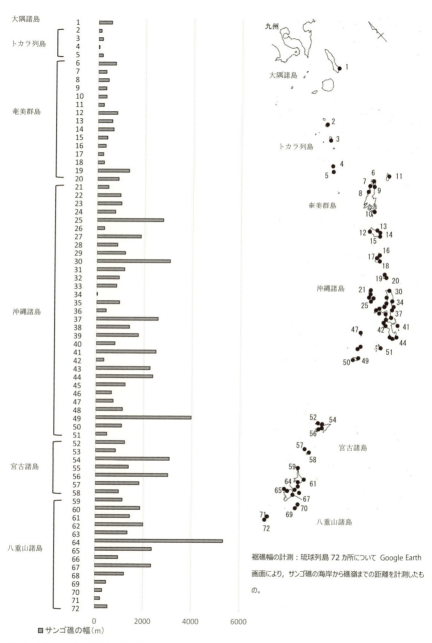

図5 琉球列島のサンゴ礁の幅

3 装置の時間的・地理的傾斜

　地理学者の菅浩伸氏によれば，沖縄諸島のサンゴ礁はおよそ8000年前に海底で形成が始まり，堤防上面にあたる礁原を拡大させながら現在に至っている〔菅2014〕（図4）。菅氏が示した模式図によると，奄美・沖縄地域において現在の規模に近づき，海岸砂丘が登場するのは約3500年前である。つまり，奄美・沖縄の島々では，人々が島で生活し始めた時期から数千年をかけて，浜の安全と漁撈環境が整えられていったとみることができる。現在のところ，サンゴ礁の形成開始時期は，貝塚時代の始まりとほぼ一致している。

　南北に長い琉球列島において，約3500年前以後のサンゴ礁の形状は一様ではない。図5は琉球列島の現在のサンゴ礁の規模を北から南に並べて示したものである。これをみると琉球列島の裾礁は南ほど大規模であることがわかる。たとえば列島南部の八重山諸島では，より発達したサンゴ礁である堡礁（ほしょう）が複数の島を取り巻いて3000 km²にわたって展開している（石西堡礁）。これに対し，列島北部の種子島と屋久島では，より発達の悪いエプロン礁となっている。サンゴ礁はこれ以北の海に続かない。

　先史人の生業を支えたサンゴ礁の海は，完新世以降に形成された新しい環境である。それは防波機能が増大する数千年の時間の傾斜をもち，南に向かって大規模化する1000 kmの傾斜をもっていた。南島の先史文化は2種類の傾斜の中で展開したのである（図5）。

II　貝塚時代前期文化と縄文文化

　貝塚時代前期（以下，貝塚前期）は土器型式によって5期に分けられている（貝塚前1期～前5期）。この間，沖縄諸島には九州の土器が断続的に持ち込まれている。島の連なりが人の往来を可能にしていたことがわかる。以下，調査事例の比較的豊富な沖縄本島中部の西海岸地域を中心に南島先史人の生活の実態とその変化をみてゆくことにしたい。

1　漁撈とイノシシ猟

　野国（のぐに）貝塚B地点（嘉手納町）は貝塚時代前1期の遺跡で，比謝川河口の南

500 m の石灰岩台地を背にした沖積地にある。面積 182 m^2 の調査区から以下のような多彩な食糧残滓が検出された。

- 魚類：ブダイ科，ベラ科，タイ科，サメ類（出土破片数合計 25，以下同様）
- 貝類：マガキガイを主体とした 39 科 152 種の海産・淡水産貝類（合計 2 万 332）
- 哺乳動物：イノシシ（個体数 661），ジュゴン（2）
- 爬虫類：ウミガメ類（若干）

これらの中で出土個体数のとくに多いのが貝類とイノシシである。貝類では，全体の 7 割を浅海にすむマガキガイが占めるが，ほかには波の荒い深い場所にすむものもあり採集は網羅的だったようである。遺物包含層の ^{14}C 年代値（木炭による）は 7000 BP から 6000 BP なので（IV 層・条痕文土器期：4460±70 ^{14}C BP，V 層・爪形文土器期：6250±150 ^{14}C BP，VII 層・型式未定土器の時期：7130±80 ^{14}C BP[3]，^{14}C 測定値は未補正値で半減期は 5730 年），図 4 に対応させるとこの時期の礁原はまだ隙間だらけであり，強い波が岸に寄せていたと推測される。先史人による魚の捕獲は未発達である。

哺乳動物遺体の数ではイノシシが群を抜いている。南島では先史時代を通して石の鏃や尖頭器の出土が少ないので，落とし穴等を併用して捕獲していたのであろう。南島の貝塚でこれほどの頭数を検出できた遺跡はほかにない。野国貝塚人の生業労働の多くはイノシシ猟に費やされたとみられる。

動物考古学者の樋泉岳二氏は，先史時代の奄美・沖縄で出土した脊椎動物遺体を分析し，先史人の漁撈とイノシシ猟の関係の変遷を次の 3 期に整理している（図 6）。

Ⅰ期：イノシシ猟から漁撈への転換期。7000 年前〜5000 年前ころ。貝塚前 1 期〜2 期。

Ⅱ期：漁撈を主体としてイノシシ猟が加わる安定した時代。5000 年前〜10 世紀ころ。貝塚前 3 期〜貝塚後期。

Ⅲ期：漁撈が衰退し，飼育動物が急速に増加する時代。グスク時代〜近世。

樋泉氏は「6000 年前頃を境として魚類の利用が急に活発化する」と指摘して，その背景にサンゴ礁の成立を想定している〔樋泉 2018〕。重要な指摘である。

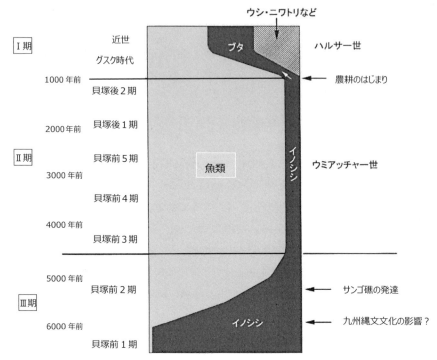

図6　南島先史時代の脊椎動物利用の変遷〔樋泉2018，図3引用一部変更〕
「ウミアッチャー世」は沖縄方言で「ハマ仕事をする人」の時代，「ハルサー世」は同じく「野良仕事をする人」の時代を意味する。

2　堅果類の採集

　沖縄本島は，高島的な北部と，低島的な南部が島の中南部で接合する高島と低島の組み合った島である。沖縄本島の北部には，シイ，カシ等の堅果類が実る豊かな森があり，ヤンバルの森として知られる。土壌は高島の岩石（砂岩，安山岩，千枚岩，花崗岩等）に由来する酸性の風化土壌（国頭マージ）が卓越する。沖縄本島南部には琉球石灰岩に由来するアルカリ性の土壌（島尻マージ）と，同じくアルカリ性の泥灰岩の風化土壌（ジャーガル）が広がる。
　図7は，田里寿一氏による研究をもとに，シイ属とオキナワウラジロガシが出土した遺跡の分布を示したものである〔田里2014〕。オキナワウラジロガシは，琉球列島の湿潤で肥沃な非石灰岩地に分布するブナ科コナラ属の常緑高木

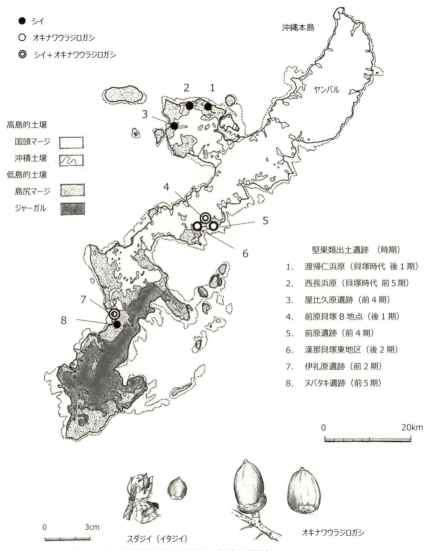

図7 沖縄本島における堅果類出土遺跡と土壌の関係

で，その果実はきわめて大きく，直径2.5〜4 cm，重量15〜20 gを測る。10年ほど前，筆者はヤンバルの民宿で赤ん坊の拳ほどもある果実を初めて目にし，その姿に仰天したものである。南島の先史人がこの果実を利用しなかった

はずはない。

　貝塚前2期の伊礼原(いれいばる)遺跡では，シイ属を主体としてマテバシイ属，オキナワウラジロガシ，アカガシ亜属が「どんぐり塚」となって出土したほか，ザルにはいったままのオキナワウラジロガシが出土した〔辻ほか2007〕。前4期の前原遺跡では，オキナワウラジロガシのみを包蔵する貯蔵穴23基がみつかった。〔大松ほか1999，辻1999〕。他の例を合わせると堅果類の利用が貝塚前2期以降貝塚時代全般にわたっていることがわかる。伊礼原遺跡では，このほかにアダン，ヤマモモ核，ブドウ属，シマサルナシ，モミジカラスウリ等が検出されている。南島人が森の資源を広く摂取していたことが窺える。ヤマイモやサトイモ類も重要な食糧であったとみられ，その検証に意欲的な試みがなされているが，未だその存在を確認できていない。

　堅果類を残す遺跡の分布は国頭マージの範囲に重なる。このことから国頭マージの卓越する地域，すなわち高島的地形では，堅果類の利用が一般的であったとみてよいだろう。ただ低島的地形の遺跡（図7の1～3）の建物内でもシイ属の実が一定数みつかっているので，居所の地形にかかわらず堅果類は広く流通して貝塚人の食糧であったことがわかる。高島的地形の南端にある伊礼原遺跡近辺では，近世以後まで北部的な森林が付近に存在していたということから〔中村2007〕，かつての沖縄本島には，ヤンバルの森のような森林が中部まで延びていた可能性がある。

　伊礼原遺跡の「どんぐり塚」で出土した堅果類の果皮のほとんどは3分の1もしくはそれ以下の大きさであり，縦筋の方向に不規則に砕かれていたという〔辻ほか2007〕。堅果類の殻割りや製粉には敲石(たたきいし)・磨石(すりいし)と石皿が使われたであろう。これらの石器が貝塚時代を通して沖縄本島に普遍的にみられることは，堅果類の消費も普遍的であったことを示唆する。前述の低島的地形の遺跡での出土例に加えて，粉砕具の普遍的使用からも，堅果類が貝塚時代を通して沖縄貝塚人の基本的な食糧資源であったことが理解される。

3　沖縄本島中南部の実例

　温帯林が育む堅果類の採集を基盤に，これに狩猟と漁撈が加わる生活スタイルは，西日本の縄文文化の生活スタイルと共通する。九州から沖縄に断続的に

持ち込まれた縄文土器が，時期ごとに在地土器と共存し，あるいは在地土器に一定の影響を与えるのは，同様の生活スタイル間であれば普通のことであろう。しかしその一方で，南島各地ではサンゴ礁の形成が着実に進み，生業活動の重心は狩猟から漁撈に移行してゆく。この移行の実態を，具体例を通して考えてみたい。

沖縄本島中南部の西海岸は低島的地形の土地であるが，東側に高島的環境が迫っているため高島と低島双方の資源に恵まれ，沖縄本島を代表する生業活動が予測される地域である。この地域にある6遺跡を選び，食糧残滓の貝類を対象に以下に分析した（図8）。

採取された貝類

貝類の分析では，貝類学者の黒住耐二氏による生息地分類を基本にし，その分類ごとに代表的な貝類を決めて，捕獲数の割合を示した。以下の①から⑤は分類された生息域で，番号順に浜から干瀬に向かって順に遠くなることを示し，これに代表的な貝種名を加えた（図9）。これらの貝類はすべて現在も食用にされている美味な貝である。貝類は①から⑤に向かって大形になり，採取に費やすエネルギーも大きくなっている。

① 岸側潮間帯：イソハマグリ
② イノー（サンゴ礁の内海）：マガキガイ，オニノツノガイ
③ イノーから干瀬(ひせ)：シャコガイ類（シラナミ，ヒメジャコ）
④ 干瀬：チョウセンハマグリ
⑤ 礁斜面(しょうしゃめん)：サラサバテイラ，ヤコウガイ

①のイソハマグリは，波打ち際にいる小形の二枚貝で採集はきわめて容易である。②のマガキガイ・オニノツノガイは浅海にいる巻貝で採取は容易である。③のシャコガイ類はイノーから干瀬，礁斜面まで広く生息しているが，岩に固着しているため採取にあたってまわりのサンゴを砕かねばならず手間がかかる。④のチョウセンハマグリは引き潮を狙って干瀬に行き，岩盤の隙間を探して捕獲する。⑤のサラサバテイラ・ヤコウガイは干瀬の外側の岩盤の溝にいるので捕獲には危険も伴い，貝類採集労働としてはもっともエネルギーが必要である。

図8 分析した遺跡の位置（沖縄本島中南部）

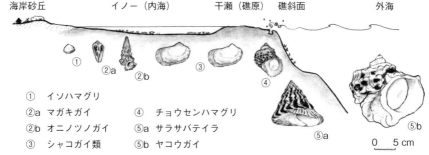

図9 サンゴ礁の貝類と生息地模式図

消費の時期的変化

図10（26頁）はこれら6遺跡（15時期に区分される）における出土数の割合を時期別に示したものである。上段の時期が古く，下段ほど新しい。各時期のグラフをみると共通した傾向でまとまる複数の時期をみつけることができる。1～4は②のマガキガイが7～8割を占めるグループ，7～10は①から⑤までの各種の貝類がバランスよく出そろうグループ，14～15はマガキガイが8割を占めるグループである。これをまとめると，貝塚前2期以前，前3～5期，後1期後2期，グスク時代の5グループになる。

図11は5グループの個別データをそれぞれ統合したものである。これらについて時期ごとにみてゆこう。

前1～2期：多くのイノーの貝類と少数の礁斜面の貝類が捕獲されている。これはサンゴ礁が未熟で岸にまだ砂浜がなく後方の干瀬もまばらな構造であることに対応している。人々は干瀬までも行くが，主として近場の採集しやすい貝類をとっている。

前3～5期：サンゴ礁のすべての場所の貝類をバランスよく捕獲している。岸に砂浜が登場し，強固な干瀬が形成されて浅海（イノー）ができ，人々の採集活動がサンゴ礁の全域に及んでいることが窺える。

後1期：前の時期を踏襲しつつ，礁斜面の貝類をより多く捕獲するようになる。これらは大型巻貝で肉量も多く食糧としての価値が高い。人々は一定の危険を伴いつつも礁斜面で漁撈を試みていたようである。弥生人との貝交易が行われたのはこの時期で，礁斜面下部に多いゴホウラの採取もこれらの漁撈活動

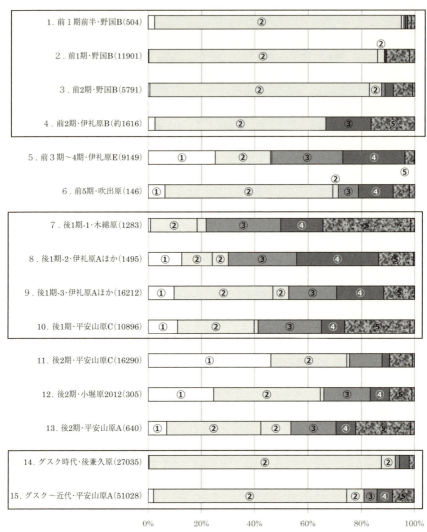

図10　沖縄本島貝塚人の主要食用貝類採取傾向1（本島中南部西海岸総数：15万4291）
①イソハマグリ，②マガキガイ・オニノツノガイ，③シャコガイ類，④チョウセンサザエ，⑤サラサバテイラ・ヤコウガイ　（①～⑤の番号は本文内の番号と対応する）

と一連のものであったとみられる。ゴホウラはスイショウガイ科の大型巻貝で，ほかの大型巻貝に比べて貝殻が分厚く，緻密質であることが特徴である。これが弥生人に評価されて交易品となった。一方，黒住耐二氏は，弥生人との

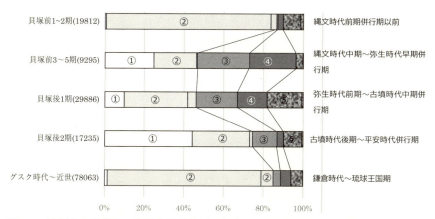

図11 沖縄本島貝塚人の主要食用貝類採取傾向2（本島中南部西海岸総数：15万4291）
①イソハマグリ，②マガキガイ・オニノツノガイ，③シャコガイ類，④チョウセンサザエ，⑤サラサバテイラ・ヤコウガイ

貝交易が南島人の礁斜面への採集活動の契機になったとしている〔黒住2011〕。

後2期：貝類採取の場が干瀬や礁斜面から砂浜とイノーに移り，干瀬での積極的な捕獲活動は後退する。

グスク時代：前の時期の傾向がさらに進行し，おもにイノーで比較的容易に採取できる貝類が採取されるようになる。この時期，集落は再び台地に移り，畑や水田が作られるようになるため，これが漁撈に投下する労働力の減少につながったとみられる。

漁撈主体期の出現

貝類のなかでも，マガキガイはきわめて容易に採取できる貝である。貝塚前1～2期とグスク時代の2つの時期は，イノーのマガキガイが全体の8割を占める。これに対してその中間の時期は，砂浜の貝や採取に手間のかかる貝を含めてサンゴ礁各部の貝類をバランスよく捕獲している。このことに注目すると，図11は以下のように3時期にまとめることができる。

- Ⅰ期：貝塚前1～2期
- Ⅱ期：貝塚前3期～貝塚後2期
- Ⅲ期：グスク時代

この区分は，樋泉氏が示した脊椎動物利用の変化の区分と一致する。Ⅰ期はサンゴ礁が未発達なこともあってイノシシ猟や堅果類採取が生業の主体とみら

南島先史文化と縄文・弥生文化　27

れる時期であり，III期は農耕の始まる時期である。このようにみると，イノシシ猟や農耕のように漁撈以外の主体的生業のある場合は，漁撈活動はイノーにおける容易な捕獲に偏る傾向があるといえそうである。そうであれば，サンゴ礁の海のすべての場所で貝類採集を行い，多くの魚類を捕獲したII期こそ漁撈を主体とする時期といえる。なお，II期後半の後2期の状況は，貝類採取傾向からみる限り，後1期とグスク時代の中間の様相と捉えることも可能である。この時期にグスク時代に繋がる何らかの生業上の変化があったのかもしれない。今後注意したい時期である。

4　貝塚前期の物質文化

貝塚前期の土器はカメとツボのセットが主体をなし，口縁近くに幾何学的な文様を密に廻らすものが多い。石器は伐採具，食物粉砕具のセットを基本とし，前5期には石鏃が加わる。イノシシ骨ではさまざまの尖頭状の道具，ヘアピンが作られた。これらは基本的に縄文文化の文物と共通しているが，貝製品においては，縄文文化にない独自性がみられる。それらは，鏃状製品，刃器，叩打器，煮沸具を含む大小の容器，尖頭状の道具，海岸での採集用具，多種類の貝製玉類，さまざまの装飾的製品，装身具，用途不明の穿孔品，墓における呪具であり，およそ生活のすべての分野にわたって貝殻が素材となっている。貝製品が貝塚前期の前半から後半に向かって多種類になってゆく状況は，人々の生活がサンゴ礁における漁撈に傾注してゆくのと軌を一にしている。

5　貝塚前期の精神文化

貝塚前期人の精神性を代表する遺物は，サメ歯製垂飾，蝶形骨器，貝製腕輪である。サメ歯製垂飾はサメの歯に1～2孔を穿ったもので，孔周辺に紐ズレ痕跡のあることや墓で人骨とともに出土する例のあることから，装身具と考えられている。前3期後半から前4期に登場し前5期までさかんに使われた。注意されるのは，その登場後早い時期から貝製模造品が併存していることである。また化石の使用例もあり，サメ歯が人々に珍重されていたことが窺える。サメ歯製垂飾にはサメの種類に応じたいくつかの形状があり，模倣品もこれに対応してさまざまの形のものが造られた。現在，模造品はサメ歯製品を上回

数が出土している。サメ歯製垂飾は遺跡に普遍的に存在することから，縄文文化の勾玉や牙玉に匹敵するとみてよく，貝塚前期人の精神性を担う主要な装身具といえる。

　蝶形骨器はおもにジュゴンの顎骨や肋骨を用いてつくられ，表面に幾何学的で精巧な彫刻をもつ装飾品である。前3期後半から前4期に登場し前5期までさまざまな形状がつくられた〔島袋1991〕。その形状や彫刻紋様は他にみられない独特のもので，赤色顔料が塗られている例も多く，呪術的意味をもつものとされる。

　南島の貝製腕輪は，その種類の多さと色彩の豊かさが特徴である。それらはゴホウラ，イモガイ，シャコガイによる白い腕輪，サラサバテイラ，オオツタノハによる紅白縞の腕輪，ウミギクガイによる朱色の腕輪，オオベッコウガサによる褐色斑文の腕輪である。オオベッコウガサ製品，ウミギクガイ製品をはめた埋葬例により，これらが確かに腕輪であることが知られる。ただ埋葬時の着装例はきわめて少なく，その着装習俗についてはほとんどわかっていない。腕輪は貝塚前2期から前5期までさかんに使われた。

　このほかに墓に添えられるシャコガイがある。崖下や洞穴に一次葬と二次葬を伴う墓がつくられたが，そこにしばしばやや大形（長径15cm以上）のシャコガイがそのまま添えられた。シャコガイが死にかかわる呪具であったことが窺える。

　貝塚前期人の精神性を表す特徴的な文物は，すべて海の素材によるものである。前3期以降物質文化から精神文化に至る多くの面で貝殻が使われるようになり，筆者はこれを貝文化と呼んでいる〔木下1992a〕。

III　貝塚時代後期文化と弥生文化

1　漁撈へのさらなる傾斜

　沖縄諸島の貝塚後期は，人々が住み慣れた石灰岩台地や森を離れて海岸砂丘に移るところから始まる。貝塚人の生活は，貝塚前期後半にはすでにイノシシ猟から漁撈に軸足を移していたが，本拠地を砂丘に移すことによって漁撈への傾倒がいっそう顕著になる。砂丘への移動は，早いところでは前5期の後半に

認められる。

　貝塚後期遺跡に特徴的なのは，大型貝類と有孔貝製品の出土である。大型貝類とは，礁斜面にすむサラサバテイラ，ヤコウガイ，ホラガイ，クロチョウガイ，イノーに多いスイジガイ，ヒレジャコなどである。これらは，サンゴ礁における人々の活動範囲の広がりに伴ってより多く捕獲されるようになった貝類である。

　有孔貝製品は長さ5cm前後の二枚貝に1孔を穿った製品で，孔の摩滅状況と，1遺跡から同様のものが多数出土することから漁網錘とされている。有孔貝製品は貝塚前期にも見られたが少数で，後1期に急速に普及する〔盛本1988〕。おそらく網漁の技術に何らかの進歩があったのだろう。網漁の発達と普及は漁撈に技術革新をもたらし，人々はそれまでの突き漁とは桁違いの漁獲量を手にしたはずである。

　イノーに親しんだ貝塚後1期の人々は，網をかけるために潮の干満に合わせた魚群の習性を学び，礁斜面の貝類が干瀬にあがる時期を知り，サメやジュゴン，カメの生態を探る等，海の知識をふやし，捕獲技術を開発したことであろう。地理学者の渡久地健氏は，サンゴ礁の複雑な地形や地点のそれぞれに方言名がつけられ，人々の認識が海の生態系に深く結びついていることを明らかにした〔渡久地2017〕。現代に伝わる民俗知識を遡ると，人々がサンゴ礁に親しんだ貝塚後期にゆきつくのではないだろうか。

2　貝塚後期の物質文化

　貝塚後期の文化は基本的に前期を継承し，石器ではほとんど変わるところはないが，土器，骨製品，貝製品では前期的な伝統が急速に消失してゆく。

　土器はカメ・ツボともに，文様をもつものがほとんどみられなくなる。後1期後半に，貼付文や沈線文による装飾が一部に登場するが，その文様は前期の幾何学的なモチーフがくずれた粗い絵画的なものに変わっている。土器の調整も簡略化してゆき，粘土帯の接合痕跡を残すものが目立つようになる。ただ焼成は硬く，簡素な外見に反して容器としての機能的な向上が認められる。

　安座間充氏は，後1期の沖縄諸島の甕の大きさを集計し，数百年間の変化の方向性を導き出した。土器の大きさの幅が次第に広がり，後1期の後半には，

「小」は口径3cmのミニチュアから，「大」は口径48cm・深さ36cmのものまで存在するようになるという〔安座間2014〕。土器の大形化は，網漁による小形魚類の増加にかかわるのかもしれない。伊江島のナガラ原東貝塚ではブダイなどの大形魚のほかに季節的に回遊するヤマトミズン（生魚の体調十数cm〜二十数cm）がまとまって出土したり，多様な小形魚が出土したりしている。樋泉岳二氏は，出土は網漁の多様化に対応するとしている〔樋泉2013〕。

　外見より機能を重んじ，装飾的な表現を遠ざける意識は，土器以外の文物にもあてはまる。前期文化に特徴的であった骨製ヘアピンやさまざまの形状の精巧な貝製品はみられなくなり，骨製針，叩打器，煮沸具を含む貝製容器等の実用品のみが後期に継続する。

　この時期には，サンゴ礁に産する大型巻貝類を求めて九州人や種子島人が頻繁に南下したため，交易を通して島外文化の影響が南島にひろく及んだ。沖縄諸島にも九州や種子島と同様の貝製品が登場し，島人によって模倣品もつくられるが，その多くは交流期間における客体的な存在に留まった。

　貝塚後期の物質文化は，前期的要素を選択的に継承し，より実用的・合理的な方向に展開したといえよう。

3　貝塚後期の精神文化

　貝塚後期になると，貝塚前期に多かったサメ歯製垂飾，蝶形骨器はほぼ見られなくなる。貝製腕輪も，貝交易（後述）にかかわるゴホウラ腕輪をのぞいて徐々に減少する。こうした中で特徴的なのは，ヤコウガイの匙と，墓に伴うシャコガイである。どちらもすでに貝塚前期に存在していたものであるが，後期に新たな展開をみせる。

　ヤコウガイ製匙は，貝塚前期では大きさや形状が不統一で粗雑なつくりのものが多かったが，貝塚後期になると，ヤコウガイの殻口部分をもちいた大型品が登場し，柄を作り出し深さのあるヒシャク状の形として定型化した。やがて柄の部分にさまざまの意匠による装飾を施し，表面を研磨したものが作られるようになる。注目されるのは，ヤコウガイ匙の形状を模倣した土製品の存在で，伊江島具志原貝塚で1点出土している〔岸本ほか1985〕。これらはヤコウガイ匙が一般の食器とは区別される特別の意味をもっていたことを示唆する。

ヤコウガイ匙は，小型化したものがグスクでも使用された。『おもろさうし』巻12，巻13には儀式にもちいる柄杓(ひしゃく)が歌われており，ヤコウガイ匙との一筋の関係を考えさせる〔木下1981〕。

墓に伴うシャコガイは，貝塚前期の崖葬墓に置かれた例が最初である。生活圏の砂丘への移動に伴って墓地が砂丘にも造られるようになると，人々は埋葬時にシャコガイを遺体上並べ置いたり，頭部を大きなシャコガイで包み込んだり，墓の上に標識のように置いたりして，これを多用するようになる。貝塚人たちはシャコガイに死にかかわる何らかの呪力を認めていたのだろう。この習俗はグスク時代から琉球王国期に継続し，シャコガイは近世にはアジケー(斜(あぎ)貝(かい))と呼ばれて墓から生活空間にも及び，ひろく辟邪の意味をもつようになる〔木下1992b〕。

ヤコウガイ匙を儀礼に使う習俗とシャコガイに辟邪をみる観念は，貝塚後期に展開しグスク遺跡に継承された南島独自の精神文化の産物である。

4　弥生人との接触

南島人は貝塚時代を通して九州との関係を継続させていたが，貝塚後1期のそれは，両者が継続的な経済関係をもった点で，それ以前の交流と質的に異なる。

貝塚前5期から後1期の初め，九州弥生人が南島の大型巻貝を求めて沖縄諸島に至り，数ある貝類の中からスイショウガイ科の大型巻貝であるゴホウラを選択し，これを素材とした特別な腕輪を作り始めた。ゴホウラは礁斜面に生息する貝なので，弥生人単独による捕獲は不可能に近く，貝殻採取をめぐって南島人と弥生人の緊密な交流が始まった。交流は弥生人の腕輪消費の拡大に伴って間もなく恒常的な交易になったとみられ，北部九州から弥生文化の文物が貝殻の交換として沖縄諸島にもたらされるようになった。交易される貝殻にはゴホウラに続いて大型イモガイ，アツソデガイが加わり，これらが集中的に取引されるようになる。一方これに対応するように，この時期の沖縄諸島にゴホウラ・イモガイ・アツソデガイだけを集めた集積が各地に残されるようになる。これらは貝塚人が交易のために集めていたもの，あるいは交易後に残されたものとされる〔岸本ほか1985〕。この交易は弥生の貝交易と呼ばれている。

大型イモガイはイモガイ科アンボンクロザメとクロフモドキをさし，アツソデガイはゴホウラと同じスイショウガイ科の巻貝でゴホウラより小型の貝である。これらはいずれもゴホウラと同様貝殻が白く分厚く緻密質であることから選ばれたとみられる。ゴホウラは成人男性用の腕輪素材，イモガイは成人女性と女児用，アツソデガイは男児用の腕輪素材であった。

　貝交易は弥生時代前期末から後期前半まで約600年継続した。これまでに九州の弥生時代の遺跡で発見された琉球列島産貝殻の腕輪は671個（60遺跡），沖縄諸島でみつかった貝殻集積は138基1505個（33遺跡）である。これらは土中に運良く残りたまたまみつかった腕輪の数なので，実際に交易された数はかなりの数に上ったはずである〔木下2017〕。

　貝交易によってさまざまの弥生文化の文物が沖縄諸島にもたらされた。その中でもっとも多いのは弥生土器である。新里貴之氏によると，沖縄諸島にはいった弥生土器は甕・鉢と壺で，最初（弥生中期前半以前）はカメが多いが中頃（弥生中期後半）以降はツボに限られてくるという〔新里2018〕。ほかに金属製品（銅鏃，銅鏡片，銅剣片等）と玉類（管玉，ガラス玉，ヒスイ玉）があるものの，いずれも1～2点ずつの出土であるため，主要な交換品は弥生土器とその中身であったとみてよい。中身は消費され実物が検証されてはいないが，コメを主体とする穀物であったと考えられる。

　弥生人がもたらした土器と中の穀物，その調理法，青銅器，鉄器，ガラスも碧玉も貝塚人には初対面の品であり知見であったに違いない。交易にかかわる人々の来島はかなり本格的で，島に甕棺を持ち込み〔岸本ほか編2005〕，島人との混血もあったとされる〔松下2003〕。これら「先進地域の文物や人」を，貝塚後期人はどう受け止めたのだろうか。考えうるひとつの可能性は，これを積極的に受容して自ら弥生化を目指すもの，今ひとつは消極的な受容に留まり変化を志向しない，である。貝塚人の反応は後者であった。

　600年に及ぶ異文化接触において，貝塚時代の器物に影響が及んだのは，土器では一部のカメの口縁部形状と装飾，貝製品では弥生の腕輪を真似た腕輪の登場に限られる。ただこれらも弥生人との接触がなくなると見られなくなる。貝塚人は貝殻を求めて南下する北の人々にゴホウラやイモガイを提供し続け，もたらされる物品を受け取ったが，より多くの穀物も，新たな素材も欲しなか

った。

　貝塚人にとって，穀物も新素材も身を乗り出すほど魅力的ではなかったのだろう。彼らの食糧は不足しておらず，新素材を入手して何かをするという動機も生まれなかったのだろう。弥生文化になびかない貝塚人の背後に，サンゴ礁の漁撈を中心にした安定した生活が浮かぶ。

IV　貝塚文化と縄文文化・弥生文化

　琉球列島の島々は，温帯林を育む高島と，琉球石灰岩の台地が発達する低島の組み合わせで成りたち，人々は森林の植物食糧に依拠しつつ，イノシシ猟と漁撈を組み合わせた生活を送った。この生活スタイルは，「森林の資源を独自の方法で増殖する」縄文文化〔今村 2002〕と基本的に同じである。沖縄の貝塚前期人は竪穴住居にすみ，深鉢形を主とする土器を使い，時代を通して九州との交流も継続した。貝塚文化は縄文人のようにヒスイや美石の玉文化をもたず，石棒・土偶も共有しなかったが，環境に合わせてサメ歯製垂飾や蝶形骨器による独自の精神文化を育んだ。貝塚前期文化は亜熱帯の縄文文化というにふさわしい。

　貝塚文化と縄文文化とのこうした親和的関係に転換をもたらしたのがサンゴ礁である。貝塚前期を通してサンゴ礁が防波機能を増強させるに伴い，人々の生活の重心は森から海に，狩猟から漁撈に移ることになる。貝塚後期には集落が海岸砂丘に移り，生活全体が漁撈になかば特化してゆく。サンゴ礁の資源はこの過程で効率的に利用され，日常生活では物心ともに貝殻が関与する独特の貝文化が生まれた。

　貝塚後期，九州の弥生人が南下してサンゴ礁の大型巻貝を交易するようになり，弥生人との密接な関係が生まれた。しかしこれによって貝塚後期の文化が影響をうけることはほとんどなく，サンゴ礁の海に適応した在地文化が継続した。貝塚人がより先進的な異文化の産物にほとんど興味を示さなかったのは，在地の文化が変化を必要としないほど豊かで安定していたからであろう。彼らは 10～12 世紀まで穀物農耕を受け入れなかった。

　縄文文化を，日本列島における後氷期(こうひょうき)適応の文化というもっともひろい概念で定義すれば，南島の貝塚文化はサンゴ礁（裾礁）形成という時間的傾斜を含

んだ縄文文化の亜熱帯型とみることができるだろう[4]。すなわちその初め（貝塚前期前半）は森林性の縄文文化，半ば（貝塚前期後半）は漁撈への傾斜を強めた縄文文化，後半（貝塚後期）はサンゴ礁漁撈に特化した裾礁型の先史文化といえる。サンゴ礁環境の変化に伴い生業の重心が森から海へ移動してゆく過程が南島の先史時代であり，その基礎の上に展開した農耕の時代がグスク時代だと理解したい。かつて高宮廣衛氏は，貝塚後期のどこかに「琉球独自の文化圏」と「本土圏」の分岐点があることを指摘し，この時期の独自性を指摘した〔高宮 1992〕[5]。述べてきたことをふまえれば，その分岐点は弥生文化をほとんど受容しなかった貝塚後期の開始期にあるといえるのではないだろうか。

註
1) 「南島」は日本では琉球列島をさすが，台湾では南島語族（オーストロネシア語族，旧マレー・ポリネシア語族）にかかわる東南アジア・太平洋諸地域をさす用語として定着し，東アジア考古学において「南島」はこの意味で使われることが一般的である。
2) 貝塚時代の名称については，1936 年に古生物学者・地質学者の徳永重康氏が伊江島カダ原洞穴のシカ化石の報告で使用した Shell mound age が初めとされ〔S. Tokunaga 1936〕，その後 1978 年に沖縄考古学会が「沖縄貝塚時代」と「貝塚時代」を併用し〔沖縄考古学会編 1978〕，1986 年に金武正紀氏と當眞嗣一氏が「貝塚時代」を使用して定着した。高宮廣衛氏はこれらを「現行編年」の枠組みとして認めつつ，九州以北地域との一体的な変化を念頭に，貝塚時代を「新石器時代」(1978)，「縄文時代・弥生時代」(1983) に置き換える枠組みを提示した。
3) ここでいう「型式未定土器」は，爪形文土器の層の下に無遺物層を挟んでみられる層で集中的に出土した土器で，横方向に並行する凹線が施文されている尖底土器である。本文中のこの ^{14}C 年代値のみ貝殻による測定値である。
4) 南島の先史文化は，その発見以降さまざまに位置づけられてきた。1920 年松村瞭氏は自ら発掘調査した荻堂貝塚の土器をその形状の特徴から縄文土器と捉え，これが継承されて琉球式縄文土器〔多和田 1956〕，沖縄縄文土器〔高宮 1993〕，琉球縄文土器〔伊藤 1999〕が使われてきた。当時は「縄文土器の使われた時代が縄文時代」とされたので，南島の先史時代も縄文時代と認識された。その後縄文時代の定義や縄文文化の範囲が再検討される中で，伊藤慎二氏

は今村啓爾氏の縄文文化の規定をふまえて，貝塚前3期以降の文化を「森林・サンゴ礁性新石器文化」とし，これが「温帯林・サンゴ礁・イノシシの生息する環境」の3条件のもとで成立しえたとして先駆的な指摘をしている〔伊藤2011〕。1992年安里嗣淳氏は南島の先史文化について「サンゴ礁文化」という概念を提示するとともに，これに偏った評価への注意も促している〔安里2011〕。筆者は，サンゴ礁が裾礁であることに意味があるとして物質・精神文化を含めて裾礁型文化の認識を示した〔木下2005, 2012〕。

5) 高宮氏は沖縄の先史文化が本土文化圏から分離する点にポイントをおいた用語として「うるま時代」を提唱した。「『うるま』は沖縄の別称であり，南島的個性の生成期を象徴す呼称として相応しい名称かと考えている。」〔高宮1992〕。

参考文献

安里嗣淳2011「沖縄の貝塚」『先史時代の沖縄』，pp.113〜130，第一書房

安座間充2014「貝塚時代後1期・沖縄諸島の土器動態」『琉球列島の土器・石器・貝製品・骨製品文化』琉球列島先史・原史時代における環境と文化の変遷に関する実証的研究研究論文集1集，pp.157〜172，新里貴之・高宮広土編，六一書房

伊藤慎二1999『琉球縄文文化の基礎的研究』，國學院大學大学院研究叢書文学研究科5

伊藤慎二2011「先史琉球社会の段階的展開とその要因—貝塚時代I期仮設—」『先史・原史時代の琉球列島—ヒトと景観—』，pp.43〜60，高宮広土・伊藤慎二編，六一書房

今村啓爾2002『縄文の豊かさと限界』，山川出版社

印東道子2014『南太平洋のサンゴ島を掘る—女性考古学者の謎解き—』，臨川書店

大松しのぶ・辻誠一郎1999「前原遺跡から産出した大型植物遺体群」『前原遺跡』，pp.223〜241，知名定順編，宜野座村教育委員会

沖縄考古学会編1978『石器時代の沖縄』，新星図書

河名俊男2011「琉球列島におけるサンゴ礁形成史と地震・津波」『先史・原史時代の琉球列島—ヒトと景観—』，pp.63〜86，高宮広土・伊藤慎二編，六一書房

岸本利枝・真栄田義人・宮里牧・新城司・岸本卓己・比嘉久編2005『大堂原貝塚』，名護市文化財調査報告第17集，名護市教育委員会

岸本義彦・島弘1985「沖縄における貝の集積遺構—ゴホウラ・イモガイを中心に

―」『紀要』2号，pp. 49〜68，沖縄県教育委員会文化課

岸本義彦・盛本勲・安里嗣淳 1985『伊江島具志原貝塚の概要』，沖縄県文化財調査報告書第61集

木下尚子 1981「貝製容器小考」『南島考古』No. 7，pp. 47〜60，沖縄考古学会

木下尚子 1992a「南島の古代貝文化」『MUSEUM』491号，pp. 4〜15，東京国立博物館

木下尚子 1992b「辟邪の貝―しゃこがい考―」『比較民俗研究』6号，pp. 5〜39，比較民俗研究会

木下尚子 2005「縄文時代二つの装身文化―九州・奄美・沖縄の装身具比較―」『第15回九州縄文文化研究会沖縄大会　九州の縄文人装身具』，pp. 44〜52，九州縄文研究会沖縄大会実行委員会

木下尚子 2012「琉球列島における先史文化の形成と人の移動―島嶼間の人文地理学的関係に注目して―」『文学部論叢』103号，pp. 13〜27，熊本大学文学部

木下尚子 2017「貝輪粗加工品の流通」『南島考古』No. 36，pp. 143〜160，沖縄考古学会

金武正紀・當眞嗣一 1986「沖縄における地域性」『岩波講座　日本考古学』5, pp. 325〜364，岩波書店

久保弘文・黒住耐二 1995『沖縄の海の貝・陸の貝』，沖縄出版

黒住耐二 2011「琉球先史時代人とサンゴ礁資源―貝類を中心に―」『先史・原史時代の琉球列島―ヒトと景観―』，pp. 87〜107，高宮広土・伊藤慎二編，六一書房

国立歴史民俗博物館編 2014『企画展示　弥生ってなに?!』

島袋春美 1991「いわゆる『蝶形骨器』について」『南島考古』No. 11，pp. 1〜20，沖縄考古学会

新里孝和 2013「亜熱帯沖縄の木や森や里山」『季刊沖縄』44号，pp. 14〜24，沖縄協会

新里貴之 2018「貝塚時代後1期の土器文化」『奄美・沖縄諸島先史学の最前線』，pp. 20〜44，高宮広土編，南方新社

新里貴之・伊藤慎二・宮城弘樹・新里亮人 2014「琉球先史・原史時代の考古学的画期」『琉球列島の土器・石器・貝製品・骨製品文化』琉球列島先史・原史時代における環境と文化の変遷に関する実証的研究研究論文集1集，pp. 305〜311，新里貴之・高宮広土編，六一書房

菅浩伸 2014「琉球列島のサンゴ礁形成過程」『琉球列島先史・原史時代の環境と文化の変遷』琉球列島先史・原史時代における環境と文化の変遷に関する実証的研究研究論文集 2 集，pp. 19〜28，高宮広土・新里貴之編，六一書房

田里一寿 2014「貝塚時代におけるオキナワウラジロガシ果実の利用について」『琉球列島先史・原史時代の環境と文化の変遷』琉球列島先史・原史時代における環境と文化の変遷に関する実証的研究研究論文集 2 集，pp. 111〜125，高宮広土・新里貴之編，六一書房

高宮廣衞 1978「沖縄諸島における新石器時代の編年（試案）」『南島考古』No. 6, pp. 11〜22, 沖縄考古学会

高宮廣衞 1992「沖縄先史土器文化の時代名称―『縄文時代』と『うるま時代』の提唱について―」『南島考古』No. 12, pp. 5〜10, 沖縄考古学会

高宮廣衞 1993『沖縄縄文土器研究序説』，第一書房

高宮広土 1983「「暫定編年の第二次修正について」『沖縄国際大学文学部紀要』社会科学篇第 11 巻第 1 号

高宮広土 2005『島の先史学―パラダイスではなかった沖縄諸島の先史時代―』，ボーダーインク

多和田真淳 1956「琉球列島の貝塚分布と編年の概念」『文化財要覧』，琉球政府文化財保護委員会

知名定順 1981「前原貝塚」『宜野座乃文化財 (1)』，宜野座村教育委員会

辻誠一郎 1999a「前原遺跡の植物相と人の植物利用」『前原遺跡』，pp. 276〜277, 知名定順編，宜野座村教育委員会

辻誠一郎 1999b「前原遺跡の放射性炭素年代」『前原遺跡』，pp. 278〜280, 宜野座村教育委員会

辻誠一郎・大松しのぶ・辻圭子 2007「伊礼原遺跡の植物遺体群」『伊礼原遺跡―伊礼原 B 遺跡ほか発掘調査―』，pp. 433〜466, 北谷町教育委員会

樋泉岳二 2013「脊椎動物遺体からみたナガラ原東貝塚における古環境と動物資源利用」『ナガラ原東貝塚の研究』，pp. 326〜330, 熊本大学文学部木下尚子研究室

樋泉岳二 2018「遺跡出土脊椎動物遺体からみた奄美・沖縄の動物資源利用」『奄美・沖縄諸島先史学の最前線』，pp. 109〜128, 高宮広土編，南方新社

渡久地健 2017『サンゴ礁の人文地理学―奄美・沖縄，生きられる海と描かれた自然―』，古今書院

中村愿 2007「位置と環境」『伊礼原遺跡―伊礼原 B 遺跡ほか発掘調査―』，pp. 33 ～35, 北谷町教育委員会

名島弥生 2014「放射性炭素年代から見た琉球列島における考古学的時期区分の現状と課題」『琉球列島の土器・石器・貝製品・骨製品文化』琉球列島先史・原史時代における環境と文化の変遷に関する実証的研究研究論文集 1 集, pp. 241～260, 新里貴之・高宮広土編, 六一書房

堀信行 1990「世界のサンゴ礁からみた日本のサンゴ礁」『熱い自然―サンゴ礁の環境誌―』日本のサンゴ礁地域 1, pp. 3～22, サンゴ礁地域研究グループ編, 古今書院

松下孝幸 2003「沖縄県読谷村木綿原遺跡出土の弥生時代人骨」『南島考古』No. 22, pp. 67～108, 沖縄考古学会

目崎茂和 1980「琉球における島の地形的分類とその帯状分布」『琉球列島の地質学的研究』No. 5, pp. 91～101

盛本勲 1988「琉球列島の貝製漁網錘」『季刊考古学』25 号, pp. 71～78, 雄山閣

山崎真治 2017「南島爪形文土器以前の土器を探る」『沖縄の土器文化の起源を探る 沖縄考古学会 2017 年度研究発表会資料集』, pp. 34～43, 沖縄考古学会

渡辺誠 1991「喜友名ヌバタキ遺跡出土の植物遺体」『ヌバタキ』, pp. 114～120, 宜野湾市教育委員会

Shigeaki TOKUNAGA, Bone Artifacts Used by Ancient Man in the Ryukiu Islands, Proceedings of the Imperial Academy, Tokyo JAPAN, Vol. XII, 1936

紀元前1千年紀の韓日関係

李　昌　熙

I　韓国の紀元前1千年紀における時代区分

　考古学では過去の人類の歴史を，文字資料が出現する以前の先史時代（prehistory），中間的な時代の原史時代（Protohistory），文字資料のある時代の歴史時代（History）に分けている。原史時代とは，一般にはもっとも有名な原始時代（Primitive）と同じではないので注意が必要である。

　韓国では，J・トムセンが利器の材質の違いで分けた石器時代，青銅器時代，鉄器時代という三時代区分法にのっとり，先史時代を旧石器時代，新石器時代，青銅器時代の3つに区分している。しかし，先史時代に続く原史時代は，鉄器時代ではなく初期鉄器時代や原三国時代という時代名称を使っている。また中国の文献には，当時の韓国のことを「韓」と記しているため，原史時代のことを三韓時代と呼ぶ研究者もいる。韓国の考古学界では原史時代を何と呼ぶのか，依然として論争を続けているが，本稿は理解を容易にするために，便宜的に原史時代を鉄器時代と呼ぶことにして，鉄器が出現した時代として執筆する。

　一方，先史時代の暦年代をめぐっても激しい議論が続いている。これまで韓国の研究者は，韓国で出土する中国系の金属器の出現年代を，中国と古朝鮮と三韓との間に起こったとされる，事実ではない史実と結びつけて決めてきた（図1）。

　しかし，近年，AMS‐炭素14年代測定法によって求めら

図1　起源・史実・年代

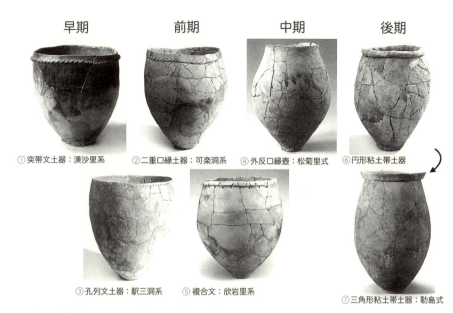

図2 韓半島における青銅器〜鉄器時代の土器
　①慶南大学校博物館，②国立春川博物館，③忠南大学校博物館（①②③『転換期の先史土器』国立金海博物館，2005年），④⑤国立中央博物館（『青銅器時代の村の風景』同館，2010年），⑥⑦国立金海博物館（『弁辰韓の黎明』同館，2003年）

れた較正暦年代は，青銅器時代の開始年代を約500年，鉄器時代の開始年代を約100年さかのぼらせるなど，従来の年代観を大きくさかのぼらせたため，日本と同様に激しい論争を巻き起こした。たとえば，本稿では，青銅器や鉄器など，金属器をめぐる韓日の交流について述べることを目的としているため，その年代をいつとするのかは議論の根幹である。したがってまず，金属器の出現年代について述べることから始めるが，理解を容易にするために，先に韓国青銅器時代の土器文化について簡単に説明しておくことにする。

　考古学者は，一般的に土器のなかでももっとも時間の経過を反映する口縁部の文様に注目して編年を行う（図2）。紀元前1千年紀前後の韓半島の文化は，有文土器の時代であった櫛目文土器文化に対して，文様のない土器の時代の文化という意味で「無文土器文化」と呼んでいる。日本では弥生土器の文化に相当するが，とくに九州西部の弥生土器も縄文土器に比べると基本的に文様が少ないので，無文という意味では韓半島の土器も九州西部の土器も同じ傾向にあ

るといえる。

　現在の韓国考古学界では，無文土器文化の年代を炭素14年代にもとづいてもとめる方法が，次第に定着しつつあるといえる。

　無文土器文化でもっとも古い土器は突帯文土器である。青銅器時代早期に相当し渼沙里（ミサリ）タイプと呼ばれている。砲弾型の胴部を持ち，単口縁の外側に粘土紐を貼り付けて突帯とし，突帯をヘラなどで刻むことに名称の由来がある（図2①）。渼沙里タイプに形態がもっとも近い西日本の突帯文土器は，弥生早期の九州北部玄界灘沿岸地域，とくに福岡平野に出現する砲弾型突帯文土器である。それ以外の西日本に分布する突帯文土器は，形態が胴部で湾曲したり屈曲したりしているので形が異なる。また砲弾型の場合でも韓半島の突帯文土器の方が寸胴で，福岡平野の方がほっそりした感じで微妙に異なっている。渼沙里タイプは設定当初，早期単純と考えられていたが，現在では前期の終わり頃までの400年ほど続くことが確認されている。早期は韓半島南部で初めて本格的な畑作農耕が始まる時期で，数haもある広い畑で，コメやムギ，アワ・キビ，マメなどを栽培する。各地で畝だてがはっきり遺っている畑址が数多く見つかっている。

　渼沙里タイプが前期の終わりまで継続することがわかり，西日本の突帯文土器が出現する時期との時間差が縮まって，ほぼゼロになったことで，西日本の突帯文土器の祖型が韓半島であるとする説が勢いを増しつつある。もともと1980年代の半ばに李弘鐘らによって主張され始めた説であるが，当時は年代が500年以上開いていたため，日本の研究者はほとんど黙殺していた。しかし，両地域とも炭素14年代測定をもとに作られた時間軸が整備されることによって共通の時間軸での議論が可能になったことで，すでにこの問題は新たな段階に入っている。日本側の研究者はまだ積極的に認めていないが，韓国の研究者のあいだではほぼ定説になっているので日本側の研究の進展を願ってやまない。

　紀元前13～前12世紀に比定される青銅器時代前期になると，可楽洞（ガラクドン）タイプや駅三洞（ヨクサンドン）タイプの二重口縁土器（図2②），孔列文土器（図2③），紀元前12世紀になると欣岩里（フンアムリ）タイプと呼ばれる複合文土器（図2⑤）が出現する。この段階にはまさしく青銅器が出現して水田稲作も始まる。

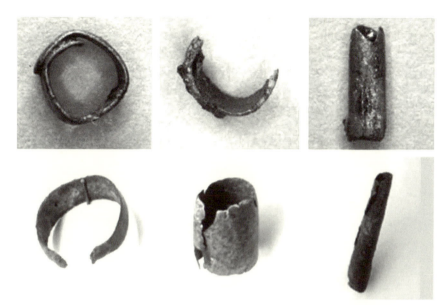

図3　アウラジ遺跡出土の最古の青銅器（紀元前12世紀頃）（江原文化財研究所）

アウラジ遺跡の青銅器

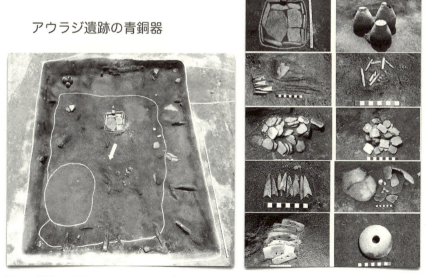

図4　最古の青銅器が見つかった住居跡と伴う遺物（紀元前12世紀頃）（江原文化財研究所）

図5　韓半島出土の最古の遼寧式銅剣（紀元前12世紀頃）
①②③韓国文化財団，④忠南大学校博物館（『湖西地域の青銅器文化』同館，2007年），⑤⑥ハンオル文化遺産研究院（『廣州駅洞遺跡』同研究院，2012年）

　図3が現状でもっとも古い韓半島南部の金属器である。江原道チョンソン（カンオン）のアウラジ遺跡から出土した。青銅器時代前期の遺物に伴い住居跡（図4）から出土したもので，鍛造して曲げたリング状の形が特徴である。
　次に出てくる青銅器が遼寧式銅剣（図5）で，出土例も増加中である。伴った土器や住居からみて青銅器時代前期に比定できる。
　年代は，伴った土器や住居跡の形態，炭素14年代の測定結果を根拠に，紀元前12世紀前後の年代を考えている。韓国の研究者は，炭素14年代測定から導き出された青銅器時代早期と前期の年代については肯定的な意見を持つ人が多いので，近いうちにこの年代観は定着するだろう。
　紀元前10世紀頃に現れるのが青銅器時代中期〜後期に比定される松菊里式（ソングクリ）土器である（図2④）。胴部最大径が中位に下りて口縁部に向かってすぼまり，口縁部は外反する。環濠集落が出現するのは基本的にこの段階からである。雰囲気が弥生前期初頭の板付Ⅰ式甕に類似していることから，板付Ⅰ式甕成立にあたって影響を与えた可能性がある土器と考えられている。
　紀元前6世紀頃から現れるのが円形粘土帯土器である（図2⑥，図6）。法量

図6 円形粘土帯土器のセット
（左）（国立中央博物館）と初期
鉄器の分布（右）（紀元前6〜
前3世紀）（筆者作成）

がそれまでの甕に比べて小さくなる。口縁部に円形の粘土帯を貼り付けるところに名称の由来があり，後期無文土器の標識土器とされてきた。この土器の年代は，九州北部における弥生土器との共伴関係を根拠に，弥生土器の短期編年の中で捉えられ，紀元前3世紀前葉に出現すると考えられてきた。しかしAMS‐炭素14年代測定の結果，大幅にさかのぼる可能性が出てきたため，韓国の研究者の中でも，その年代をめぐってもっとも熱い議論が戦わされている分野である。

　次は，鉄器に関する問題である。韓半島で最初に出現する鉄器は，中国・戦国時代に鋳造して作られた，いわゆる戦国系鋳造鉄斧と呼ばれているものである（図7）。中国東北部から韓半島北部，そして韓半島中西部地方にかけて広く分布している。写真で見るように，細形銅剣文化とともに墓の副葬品として見つかるものが多い。

　これらの鉄器が出現するのはいつなのか？　鉄器を出土した墓に伴う木炭などの有機物試料の炭素14年代や，円形粘土帯土器の暦年代から推定することができるが，韓国の学界でもっとも議論が行われているテーマである。青銅器時代早・前期の暦年代が比較的共通認識を得ているのに対して，鉄器の出現年

紀元前1千年紀の韓日関係　　45

図7　燕系鋳造鉄器（左：南陽里〈国立扶餘博物館〉，右：葛洞〈国立全州博物館〉）
（『MA-HAN, A BREATH OF HISTORY』国立全州博物館，2009年）

代に関しては炭素14年代から導かれた較正暦年代に対する批判は大きい。その最大の根拠が冒頭で述べた中国の文献に出てくる記述である。そこで，後述するように日本で出土する円形粘土帯土器と韓国で出土する弥生土器を利用して年代を知る交差年代法（cross dating）が，鉄器の出現年代を解決する重要な方法となる。私は，炭素14年代と交差年代法を総合的に考えて，戦国系鋳造鉄斧は紀元前4世紀代のどこかで出現すると考えている。

II　青銅器時代の韓日関係

1　西日本における韓半島系の青銅器文化

紀元前11世紀―前期青銅器文化の影響―

IIでは両地域から出土する考古学的なモノ資料をもとに韓日関係を考える。まず，西日本における韓半島系の青銅器文化である。

西日本では，韓半島系の刻目突帯文土器，二重口縁土器，孔列文土器が出土しているので，縄文晩期から弥生早期にかけて両地域で交流が行われていたことは確かである（図8）。縄文晩期後半の，前池式と呼ばれる突帯文土器に伴って，コメ，アワ，ムギなどのイネ科植物や，石庖丁が，東部九州から中国地方にかけての遺跡から見つかる。のちに始まる水田稲作が最初にはいった地域とはずれているところが興味深い。おそらく，故地が異なるのであろう。縄文社

会に与えた影響は土器の文様レベルにとどまっており，本格的な畑作が始まるわけではないし，文様レベルでも変容していることから，文化的インパクトはそれほど強くなかったものと推測できる。図8の上のようにルートを考える研究者もいるが，九州島を大回りして南から宮崎などに入るルートは現状では考えにくい。

前10世紀後半—松菊里文化の拡散—

日本の考古学者は，弥生時代の水田稲作という生産経済的な側面の出現をとても重要視している。日本列島に水田稲作文化を伝えたのが韓半島の松菊里文化の人々である。彼らと出会ったのは九州北部玄界灘沿岸地域の採集狩猟民（縄文人）であった。

その証拠となる資料には，大型蛤刃石斧，柱状片刃石斧，扁平片刃石斧，石庖丁などの大陸系磨製石器と呼ばれる農工具，木製農耕具，磨製石剣や磨製石鏃などの武器，韓国青銅器時代中期の土器や住居，環濠集落，支石墓といった目にみえるものと，土木技術，社会組織，農耕祭祀などの目にみえないものの2つがある。図8の下

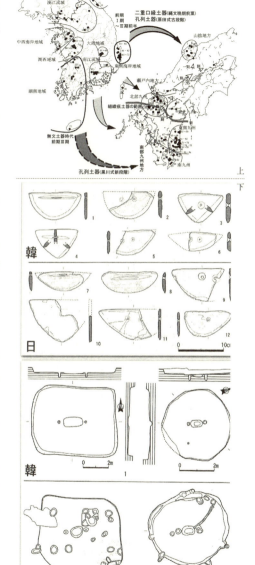

図8 青銅器時代前期・中期の韓日交流
〔上：千2009，下：端野2016〕

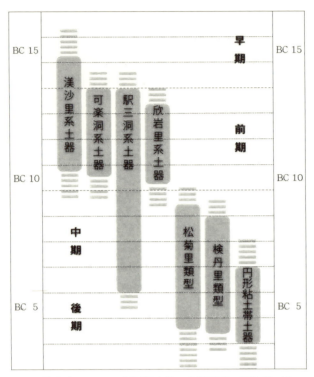

図9 韓半島における青銅器時代の土器型式の暦年代〔李 2016b〕

には韓半島と西日本における石庖丁と住居形態を例示した。

　また墓の副葬品にも両者の関係を色濃く反映するものがある。福岡市雑餉隈遺跡では，丹塗り磨研土器，磨製石剣，磨製石鏃をセットとする副葬品をもつ有力者の墓が，水田稲作が始まってから約100年後の紀元前9世紀に出現する。この3点セットは韓半島の有力者の墓に副葬されるセットとも共通していることから，韓半島と何らかの関係を持つ人の墓と考えられる。

　水田稲作という生業だけではなく，集落，墓制，まつりなどを包括する水田稲作文化の文化複合体（cultural complex）を，松菊里文化の人々が伝えたのである。前11世紀の場合の文化伝播が情報レベルにとどまり，文化複合体として伝わらなかったことが，縄文社会に根本的な影響を与えなかったこととは異なって対照的である。

韓国・日本の研究者は，一般に，松菊里文化が弥生文化の成立に大きな影響を与えたと認識している。一方で，弥生文化の物質文化には縄文文化の伝統も多く認められる。したがって，日本の研究者のなかには，韓半島からの影響よりは，在地文化の伝統的な継承を重視する人も多くみられ，弥生土器の成立には縄文文化が大きな影響を与えたという説などに典型的に見られる。松菊里文化と縄文文化のどちらが弥生文化の成立に大きな役割を果たしたのか，といういわゆる主体者論争も1980年代を中心に行われたという研究史がある。

縄文人とは異なる形質をもつ，いわゆる渡来系弥生の人骨が，弥生文化の成立時にはほとんど見つかっていないことも，この問題の複雑さに拍車をかけている。現状でもっとも古い渡来系弥生人の人骨は，福岡市下月隈遺跡で見つかった紀元前7世紀（弥生前期中頃）の男性である。水田稲作が始まってから250年以上もたっているため，この人骨から紀元前10世紀に渡ってきた青銅器文化人の具体的な姿を知ることはできない。

ただしこの問題で重要なのは，これまで渡来系弥生人と比較してきた縄文人とは，東北・関東の太平洋岸に分布する貝塚地帯から出土した縄文人のことである。すなわち，西日本の縄文人がどういう人であって，またその頃の韓半島の青銅器時代人がどういう人であるのかは，形質学的にはほとんどわかっていないという点である。したがって，九州北部の縄文晩期人と，韓半島南部の青銅器時代人の形質差がどのくらいあるか，その本当のところはわかっていないという点も注意しておく必要がある。

青銅器時代後期文化の流入（円形粘土帯土器）

西日本から出土する粘土帯土器には，円形粘土帯土器と三角形粘土帯土器の2つがある。まず円形粘土帯土器である。

おもに弥生時代前期末から中期前半の九州北部に限定して集中的に出土する。福岡市諸岡遺跡は板付遺跡の南西にあり，日本で初めて円形粘土帯土器が見つかった遺跡として研究史的に重要である（図11）。日本列島における円形粘土帯土器は板付IIb式期から出土するが，おもに板付IIc式土器を伴う。

円形粘土帯土器には，韓国からの舶載品と考えられるもの，韓国出土のものと区別できないもの，そして弥生人が模倣して作ったものなど，さまざまな種類がある。それは主に口縁部付近の作り方の違いとなってあらわれる。外面的

図10　日本列島出土の三角形粘土帯土器（紀元前2〜前1世紀）（筆者撮影）

図11　福岡市諸岡遺跡出土の円形粘土帯土器（紀元前4世紀）（福岡市埋蔵文化財センター）

には円形の粘土帯を貼り付けられているように見えても，接着する側の口縁端部をどのように造りだしているかによって，先の三者の違いを見ることができるのである。

　円形粘土帯土器は，青銅器生産と関係すると思われる遺構（工房）から出土する場合もあるので，韓半島の細形銅剣文化との関連性が指摘されている。佐賀県土生遺跡，熊本県八ノ坪遺跡などでは，青銅武器や小銅鐸の石製鋳型に伴って，円形粘土帯土器のセットが見つかっている。韓半島で使われていたのと同じ器種構成（壺，甕，高坏など），なので，青銅器工人が招聘されたのではないか。

　また福岡県横隈鍋倉遺跡では，当初は弥生集落の片隅に偏って出土していた円形粘土帯土器が，次第に弥生土器との間で変容を重ねながら，弥生集落の中心部で出土するようになることが確認されている。これなどは，渡来当時は，

図12　福岡市吉武高木遺跡群と3号木棺墓副葬品（紀元前4世紀）
①吉武高木遺跡甕棺墓（福岡市埋蔵文化財センター），②青銅器分布図・③吉武高木遺跡3号木棺墓出土資料（福岡市博物館，『新・奴国展』同館，2015年）

隅っこにかたまって住んでいた青銅器工人たちが，次第に弥生人との婚姻を重ねることによって，弥生土器との折衷土器が弥生人の家族の住居からも見つかるようになることを意味している。

韓半島側の土器がセットで見つかるようなことは，松菊里式文化の人々が玄界灘沿岸地域に水田稲作の文化複合体を伝えた際には見られなかった現象であるが，この時，縄文社会は大きく変わることとなった。一方，円形粘土帯土器はセットで見つかるにもかかわらず弥生社会が大きく変わることはなかった。この違いは何に起因するのであろうか。

紀元前4世紀後半の弥生中期初頭になると，九州北部において青銅器を副葬する厚葬墓が出現する。福岡市吉武高木遺跡3号木棺墓のように，細形銅剣文化と深くかかわっている墓もある（図12）。木棺墓では多鈕細文鏡の下に武器型青銅器2本を敷いた状態で見つかっており，まさしく韓半島の墓に見られる

紀元前1千年紀の韓日関係　　51

のと同じやり方である。また武器型青銅器は実戦で使われた形跡がないことから宝器と考えられる。管玉は，韓半島からもたらされたもの，勾玉は新潟県糸魚川産である。こうしたことから木棺墓の被葬者は，韓半島と何らかの関係がある人であり，かつかなりの立場の人であったと考えられている。

鉄器時代（三角形粘土帯土器）

次に西日本から出土する三角形粘土帯土器についてである（図10）。韓国の慶南勒島遺跡出土の三角形粘土帯土器を標識とすることからヌクド式土器とも呼ばれる。円形粘土帯土器とは時期を異にする弥生中期後半から後期後半にかけて少量出土するが，九州北部だけでなく西日本各地に散発的に見られ，円形粘土帯土器のように特定の地域に集中して出土することはない。模倣品も少なくその大半は舶載品と考えられる。三角形粘土帯土器は円形粘土帯土器より器種は豊富だが，出土する量も少なく，模倣品も少なく，セットでも出土しない点に特徴をもつ。

西日本において円形粘土帯土器が姿を消してから，三角形粘土帯土器が出現するまでの間，つまり弥生中期中頃のおよそ100年間は，韓半島の無文土器が出土しないという空白期が存在するため，円形粘土帯土器と三角形粘土帯土器という異なる文化は，時期や背景を違えて伝わったことは明らかである。

2　韓半島南部出土の弥生土器

弥生前期末～紀元前2世紀以降

つぎに韓半島における弥生関連資料のあり方について考える。

紀元前4世紀前葉頃から韓半島南部において九州北部の弥生系土器が出土し始める。弥生系土器の中には，搬入品もしくは弥生人が韓半島で作った土器，韓半島人が造った弥生風土器などがある。これまでに見つかった遺跡は30例を超えており，北は京畿道から南は慶南，全羅道までに及んでおり，なかでも群を抜いているのが主に韓半島南部の嶺南地域である（図13）。東から蔚山地区，釜山・金海地区，泗川地区という3つの大きな出土圏があり（図22・64頁），なかでも泗川圏にある勒島遺跡からはもっとも多くの弥生土器が出土している。基本的に弥生中期に属し，中期後半の須玖Ⅱ式土器が圧倒的に多くを占めている。

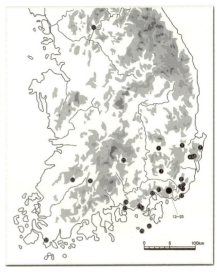

図13　韓半島出土の弥生土器のセット（左）
（『国際貿易港勒島と原の辻』国立晋州博
物館，2016年）と出土地分布図（右）
〔芮 2011〕

　蔚山地区では4つの遺跡が知られており，紀元前4世紀後半〜前2世紀の弥生土器が見つかっている。なかには達川遺跡のように，鉄鉱石の採掘坑として知られている遺跡もある。弥生人は鉄鉱石を手に入れても製鉄することはできないので，鉄素材などを求めてやってきている可能性がある。釜山地区は5つの遺跡があり，紀元前4世紀後半から前2世紀までの弥生土器が見つかっている。莱城遺跡はこの地区である。

　金海地区には3つの遺跡が見つかっており，紀元前6世紀から前3世紀までの弥生土器が見つかっている。4つの地区ではもっとも古い弥生前期後半の土器が見つかっているが，この問題は後述する。

　泗川地区の勒島遺跡は，慶南泗川市の沖に浮かぶ勒島にある。現在は橋で繋がっているが以前は船で10分ぐらいかかった離れ小島であった。勒島遺跡で見つかる弥生土器の大半は須玖II式土器だが，その出土量は韓半島南部から出土する弥生土器の大多数を占めている。紀元前2〜前1世紀頃の弥生土器は，壱岐や糸島地域の弥生土器との共通点を持つことから，3世紀に伊都と呼ばれるようになる地域との強い関係がうかがえる。紀元前後になると，九州東部，中部，山陰，瀬戸内系の弥生土器も増え始めることから，九州北部以外の弥生人も勒島遺跡との関係を持ち始めたようだ。

紀元前1千年紀の韓日関係　53

もちろん関係を持っているのは倭だけではない。楽浪系の漢式土器なども見つかっているので，漢・韓・倭などの国際色豊かな様相を持つ国際的な土地である。勒島遺跡では，送風管，炉壁，小鉄塊，鍛造剥片，鉄滓が出土していることから，鉄精錬や鍛冶が行われていたことがわかるが，こういう遺構に伴って弥生土器が見つかる確率は45%と非常に高いので，弥生人の目的が鉄の入手にあったことが推測できる。
　泗川地区には勒島遺跡の他にも3つの遺跡が知られており，紀元前3世紀から後2世紀までの弥生土器が見つかっている。
　他にも全羅南道光州市新昌洞遺跡や京畿道大成里遺跡などがあるが，概して北の方から出土する弥生土器は弥生後期に併行する土器が見られるので，出土する背景は嶺南地区とは異なっているのであろう。
　これらの弥生土器が現地で生産されていることやセットで大量に出土していることを重要視し，弥生人が移住した証拠と考えている。弥生土器は炊事用，貯蔵用，祭祀用，すべての器種がセットで出土している。一過性の単純な交易ならこのように土器をセットで使用する必要はない。
　韓半島南部で弥生土器が見つかり始める時期は，西日本で鍛造鉄器が出土し始める時期とほぼ一致しているので，背景に鉄があると考えられる。たとえば，東莱莱城遺跡では，紀元前3世紀の住居跡から鉄器製作時に排出される鉄滓と弥生土器が出土している。
　弥生土器がセットで見つかることは，単に鉄素材を入手するだけではなく，ある程度の期間，彼の地にとどまり生活をしながら鉄素材の確保に努めたと考えられる。
　では，西日本のどのあたりの弥生人がやってきているのであろうか。韓半島から出土する弥生土器を見ると，遠賀川以西地域の福岡県糸島半島を中心とした福岡県北部と長崎県壱岐系の特徴を持つものが多く，佐賀平野を中心とした佐賀県東南部系のものもある。
　勒島遺跡は，韓半島南海岸のちょうど中間に位置し，楽浪郡から西海岸に沿って南下した船が，金海に向かう途上にあることから，中継地として最適なところであった。須玖Ⅱ式土器が圧倒的多数を占める紀元前2～紀元前後頃までは，九州北部の糸島地域の弥生人が利用していたことがわかる。紀元後1世紀

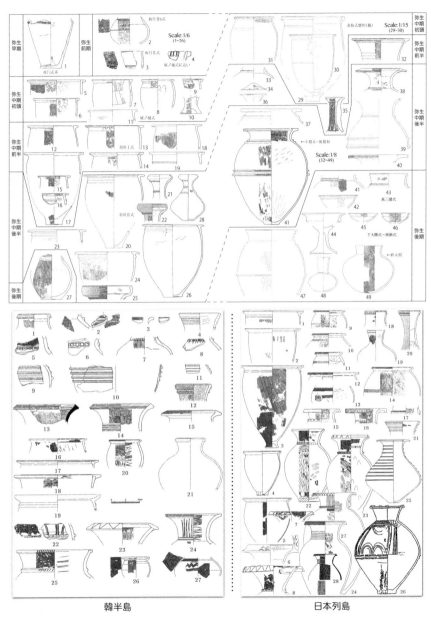

図14　韓半島南部出土の弥生土器の編年〔上：李2016c，下：李2011〕

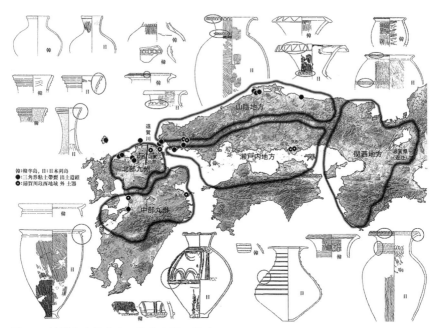

図15　韓半島南部出土の弥生土器の故地〔李 2011〕

を過ぎると，九州北部以外の土器が出始めるとともに勒島遺跡自体は衰退し始めるということは，3世紀以降の中心となる金海地域を中心とした交易に再編成されたことと無関係ではない。

　図14の上は韓国で出土した弥生系土器を編年的に整理したものである。現状でもっとも古いのは，弥生早期〜前期の二条突帯文土器や遠賀川系の壺である。本格的に見られ始めるのは紀元前4世紀後半の弥生中期初頭で，その後，紀元前3世紀の須玖Ⅰ式，紀元前2〜紀元前後の須玖Ⅱ式でピークを迎える。弥生後期併行の弥生系土器はきわめて少ない。

　そのほか，遠賀川以東地域をはじめ中部九州，山陰地方，瀬戸内地方など西日本各地の弥生土器もわずかに出土するが，すべて弥生時代中期末から後期前半の時期に限定される（図14の下）。これら九州北部系以外の弥生土器は，弥生土器が多く出土する慶南勒島遺跡だけに，嶺南地域に属する金海や蔚山では出土しない。

　以上，韓日両地域から出土した弥生系土器を見てきた。

つぎに，韓日の土器の併行関係と暦年代について述べる。

III 韓日の土器の併行関係と暦年代

1 両地域における紀元前1千年紀の土器型式の炭素14年代

　両地域の土器の併行関係を考えるために，両地域から出土する土器や青銅器などを用いた考古学的な交差年代法と炭素14年代測定値を用いる。

　図16・図18は，韓半島の無文土器と，九州北部の弥生土器の型式別炭素14年代を図化したものである。これらを合体したのが図19である。基本は交差年代であり，それを適用できない部分は炭素14年代を比較して作成した。図16は，九州北部の福岡・佐賀・長崎県内で出土する弥生土器の型式別炭素14年代である。縄文晩期の土器は2900～2610 ^{14}C BP の間に3点の測定値があるが，佐賀県の例の下限年代は弥生早期まで入っているので，除けば縄文晩期の年代は2800 ^{14}C BP に収まる。弥生早期は2700 ^{14}C BP の後半から2700 ^{14}C BP 一杯の夜臼I・山の寺式と，2600 ^{14}C BP 台の夜臼IIa式で前半と後半に二分できる。弥生前期に入ると炭素14年代の2400年問題に入るので，板付IIa式からIIb式までは同じ炭素14年代を示す。まず，前期初頭は，夜臼IIb式と板付I式の共伴期なので，2つの土器の炭素14年代は2500 ^{14}C BP で同じである。板付IIa式は2400 ^{14}C BP 台，板付IIb式は2400～2300 ^{14}C BP 台を示す。前期末の板付IIc式は2300 ^{14}C BP 台，中期に入ると初頭と前半は2300 ^{14}C BP 台，中期後半に入ると2200～2100 ^{14}C BP である。中期末から後期に入ると2000～1900 ^{14}C BP 台になる。

　図18は，韓半島南部における地域ごとの無文土器型式別炭素14年代である。地域は錦江南部の湖南，錦江西部の湖西，京畿道と太白山脈西側で江原道西部の嶺西，太白山脈東側で江原道東部の嶺東，太白山脈南側の嶺南地域である。もっとも古い突帯文土器は，先述した京畿渼沙里遺跡から出土したものである。突帯文土器の下限は，嶺東地域を除いて，2800 ^{14}C BP 台まで見られる。これは縄文晩期後半の突帯文土器の年代である。今や韓半島の突帯文土器の下限年代と西日本の突帯文土器の上限年代がほぼ同じであることが，起源説に大きな影響を与えている。青銅器時代前期の土器群は，嶺東地域を除いて可

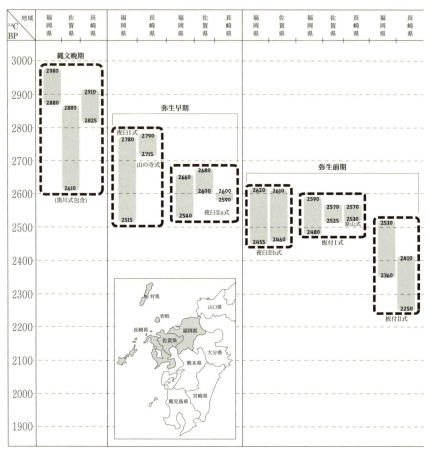

図16　縄文晩期～弥生後期初頭の土器型式別炭素14年代〔李 2016b〕

楽洞タイプが3100 ^{14}C BP から2700 ^{14}C BP まで，駅三洞タイプが3100～2300 ^{14}C BP，欣岩里タイプが3000～2700 ^{14}C BP までである。

検丹里(コムタンリ)タイプは嶺南地域だけに分布する土器で，2700～2200 ^{14}C BP 台という数値である。下限年代はともかく出現年代は九州北部における水田稲作の開始年代と整合的である。

青銅器時代後期の松菊里式は，2400年問題にかかることもあって存続期間が長く，嶺東地域をのぞいて2800 ^{14}C BP～2100 ^{14}C BP の存続期間を見せるが，九州北部での出土状況は2600～2300 ^{14}C BP ぐらいである。

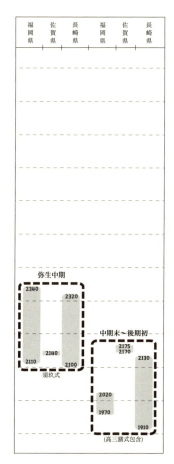

図17 韓半島南部の諸地域

後期無文土器である円形粘土帯土器は，2600～2200 ^{14}C BP だが，九州北部での出土状況は 2400～2300 ^{14}C BP である。

これらをまとめて，較正暦年代でまとめなおしたのが図19である。韓半島南部の青銅器時代早期は渼沙里タイプで，紀元前15世紀には始まった。縄文後期後半に併行する。青銅器時代前期は早期から存続する渼沙里タイプ，前期から出現する可楽洞タイプ，駅三洞タイプ，欣岩里タイプからなり，紀元前13世紀から紀元前10世紀まで継続する。縄文晩期一杯に併行する。

青銅器時代中期の松菊里タイプは紀元前10世紀には出現するとともに前期の駅三洞タイプが継続する。弥生早期～前期末に相当する。円形粘土帯土器が出現するのは紀元前6世紀で紀元前3世紀まで継続する。弥生前期後半～中期前半に相当する。最後に三角形粘土帯土器が紀元前3世紀に登場する。弥生中期中葉に相当する。

全般的に考古学的な併行関係と炭素14年代が整合的だが，まだ測定数が少ない型式もあるので，今後，蓄積していく必要がある。

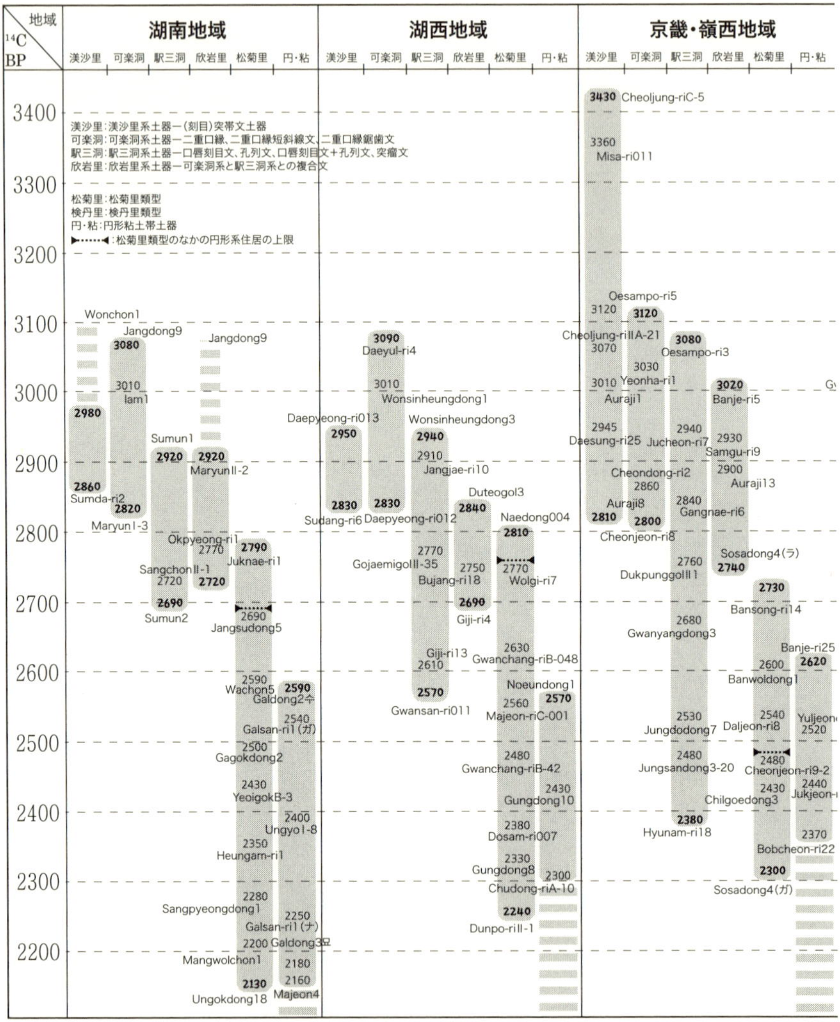

図18　韓半島南部における青銅器時代の土器・類型別の炭素14年代〔李2016b〕

2　紀元前1千年紀の韓半島の西日本との関係

以上の土器型式と年代観をもとに紀元前1千年紀の韓日関係史について考察してみよう。

韓半島南部では土器に残された圧痕やプラントオパール分析，孔列文土器の

嶺東地域				嶺南地域					
可楽洞	駅三洞	欣岩里	円・粘	漢沙里	可楽洞	駅三洞	欣岩里	松菊里	検丹里	円・粘
						(3230) OkbangD-2				
						3180				
							Sangindong98-1,5			
							3140	**3140**		
						3100 Sangchon-riB-2				
						3030	Sangindong128,12			
	3040 Bangnae-ri3			yodong1 **3010** Gyodong1		3010 Guyoung-ri28	3010 Bongmudong2	Deokcheon20 3010		
				2980 Imhojung-ri2		2980 Pyeonggudong11	2980	**2980** Jinra-ri71 Pyeonggudong5		
						2930 Pyeonggudong4	2935			
								2910 Biseokgol1		
						2840 Ueun104	**2835** Dalcheon	2865 **2835** Gyodong9		
							Gyodong9			
									Guyoung-ri5-1,14	
							2730 Wolsungdong585,4		**2740**	
					2720 Bangnae-ri8(깁문)			2710 Sangindong119-20,5	2690 Bansong-ri4	
	2700 Imhojung-ri3								2650 Donghodong1	
		2650 Bangnae-ri1								
		Bangdong-riC-7 **2600**						2580 2570	Changpyeong- dong2	
								Dongcheondong20		
			Bangdong-riB-1 **2510**					2500 Songjuk-ri22		
				dong4	2460 Songrim-ri5			**2430** OkbangC-96	2460 Myeong san-ri3	**2480** Bang ji-ri
			ri31						2360 Bonggil-ri5	2365
						2370 Ji-ri1				
									Hyomundong III-8 Sayeon-ri5 **2220**	2250

時代に比定されている蔚山
玉岘(オクキョン)遺跡の小区画水田など
から，すでに紀元前11世紀
の青銅器時代前期には水田稲
作が行われていたことが明ら
かである。紀元前10世紀ま
でさかのぼっている西日本の
水田稲作開始年代は，韓半島
南部における水田稲作の開始
年代に対応したものである。

紀元前10世紀前後〜紀元前5世紀（弥生早期〜前期後半）

紀元前10世紀頃から，水
田稲作文化に伴う物質文化と
精神文化を包括する文化複合
体が韓半島南部から日本列島
へ拡散する。その背景には集
団的で大規模な人の移動があ
ったと考えられる。

一方，日本列島から韓半島
へ拡散した弥生系の遺物はほ
とんどみられない。わずか
に，馬山網谷里(マンコクリ)遺跡から出土
した夜臼式に近い形をした土
器（図20）と，會峴里(ホォイヒョンリ)遺跡から出土した板付IIb式土器（図21）の2点が見
つかっているぐらいである。

網谷里遺跡出土の突帯文土器を実見した藤尾慎一郎によると，粘土帯の接合
方法が無文土器に伝統的な外傾接合であって，縄文土器に特徴的な内傾接合で
はないこと。器形が細長のプロポーションという韓半島特有の形態であること

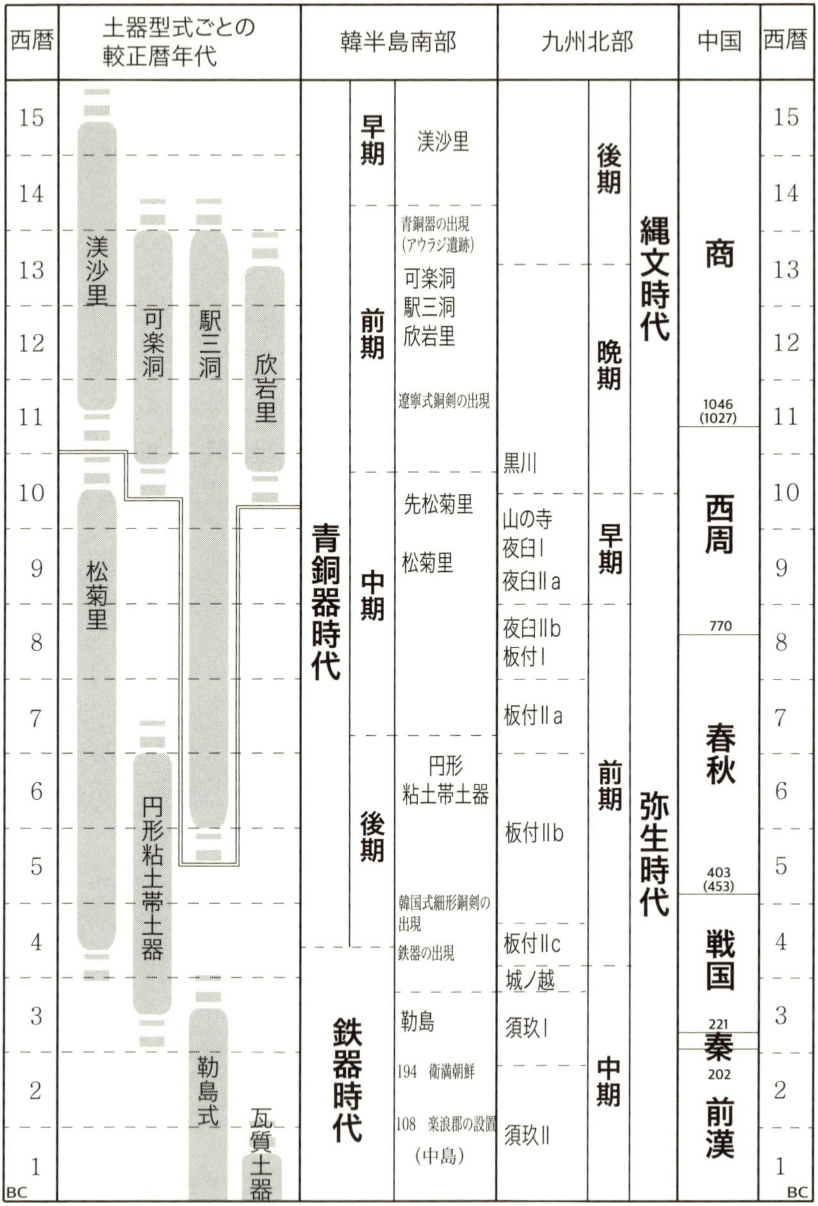

西暦	土器型式ごとの較正暦年代	韓半島南部		九州北部		中国	西暦
15	欣沙里	早期	渼沙里	後期	縄文時代	商	15
14							14
13	可楽洞	前期	青銅器の出現（アウラジ遺跡）可楽洞 駅三洞 欣岩里	晩期			13
12	駅三洞 欣岩里						12
11			遼寧式銅剣の出現			1046 (1027)	11
10	松菊里	中期	先松菊里 松菊里	黒川 山の寺 夜臼I 夜臼IIa	早期	西周	10
9							9
8				夜臼IIb 板付I		770	8
7	円形粘土帯土器			板付IIa	前期	春秋	7
6		後期	円形粘土帯土器		弥生時代		6
5				板付IIb		403 (453)	5
4			韓国式細形銅剣の出現 鉄器の出現	板付IIc 城ノ越		戦国	4
3	勒島式	鉄器時代	勒島	須玖I	中期	221 秦 202	3
2			194 衛満朝鮮			前漢	2
1 BC	瓦質土器		108 楽浪郡の設置（中島）	須玖II			1 BC

図19 韓半島と西日本の土器編年対照図〔李 2017〕

 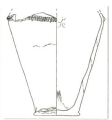 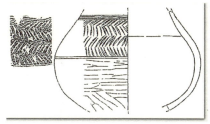

図20　馬山網谷里出土突帯文土器　　図21　金海會峴里出土の弥生前期の壺
　　　（国立金海博物館）

などから，日本の屈曲型二条甕を見たことがあるか，形の説明を弥生人から受けた無文土器の工人が，韓半島の製作技法で製作したものだという（藤尾教示）。こうした人の移動はきわめて例外的なものであっただろう。

　したがって紀元前1千年紀の前半は，韓半島南部から九州北部への一方的な文化伝播の段階といえる。それ以前の紀元前15世紀から始まる青銅器時代の当初2/3ぐらいは，日本列島から韓半島への文物の伝播は基本的になかったといえるだろう。

紀元前4〜前3世紀（弥生前期末〜中期前半）

　相互交流が活発化する時期は，韓半島での粘土帯土器の出現以降になる。

　とくに，粘土帯土器文化は，弥生文化とは明らかに異なり，九州北部で見つかる韓半島系の遺物は，渡来人が存在したことを示している。

　それでは，韓半島で円形粘土帯土器を使っていた人々が九州北部に渡った理由は何であろうか。この問題を考える手がかりは，韓半島における円形粘土帯土器の出土状況にある。

　新来の円形粘土帯土器を使う人々は，韓半島の在来の文化であった青銅器時代中期の松菊里タイプの土器を使う人々が暮らしている平地ではなく，丘陵や台地の上など，遺跡の立地を違えて位置した。しかし福岡県小郡市に所在する横隈鍋倉遺跡のように粘土帯土器文化の遺物が，弥生人が暮らす同じむらのなかから出土するのとは大きな違いがある。もしくは異なる立地にむらを作って分離されていても，おたがいに見える位置にあったので，私はこれを「双方可視圏」と呼んでいる。

　なお，円形粘土帯土器はセットで見つかることから，集団的な移住が行われ

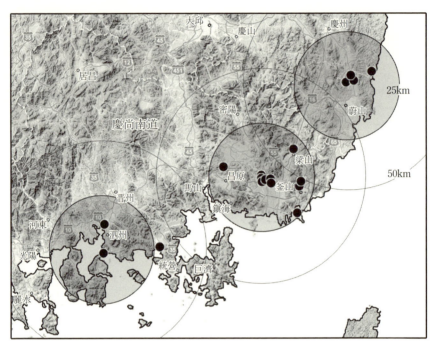

図22　慶南地域出土の弥生土器の分布圏〔李2011〕

たと考えられる。渡来人は2世代，3世代になると，ますます在地化し，弥生社会に同化していったことが，粘土帯土器の変化からうかがえる。1世が使う円形粘土帯土器は搬入品と見間違うぐらいオリジナル性が高いが，次第に口縁部の作り方や器面調整に弥生土器の特徴が見られるようになり，外見的には円形粘土帯土器だが，製作技法に弥生土器の手法が見られるという，いわゆる折衷土器と呼ばれるものになっていくことから，そのように考えられている。

　こうした人の動きは，当時の渡来人にとって，必要なものが弥生時代の九州北部にあったからではなかったので交易とはいえない。

　九州北部の弥生人にとってみれば，この時期から出土し始める鋳造鉄斧を代表する中国東北製の鋳造鉄器や，韓国式青銅器文化を構成する多鈕細文鏡や武器形青銅器，碧玉製管玉など，韓半島の人々と交流することは，多くの大陸系威信財を入手するために必要なことであった。紀元前3世紀には確実に始まっている青銅器の鋳造工房では，円形粘土帯土器がセットで出土することも多い

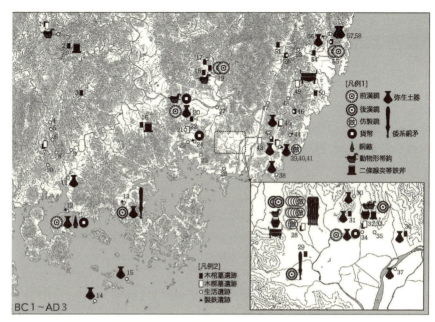

図23 慶南における倭系遺物の出土地分布（紀元前1〜後3世紀）

ので、工人たちが弥生人によって招聘されていた可能性もある。

　また弥生人も紀元前4世紀前葉以降、金海・釜山地域を中心に海を渡り自ら入手に乗り出すこともあったに違いない。いずれにしてもこの段階は、韓半島の人々というよりも九州北部の人々の方に交流するメリットがあったと考えられる。

　以上を総合すると、紀元前4世紀の円形粘土帯土器を使っていた人々は、新天地を求めて朝鮮海峡を渡ったと考えられるが、それが気候変動など、韓半島側の事情にあったのか、九州北部側の働きかけの結果であったのかどうかははっきりしないが、やはり円形粘土帯土器を使う人々が渡来した背景には、当時の韓半島の社会状況があると考える。集団間に存在した政治的な葛藤、あるいは、中国東北部など、より北からの人々の移住が背景にある可能性も考えておきたい。

紀元前2世紀〜後1世紀

　紀元前2世紀の三角形粘土帯土器の段階になると事情が急変する。西日本で

出土する三角形粘土帯土器の器種が甕にかぎられ，量的にもかなり少なくなる。分布も西日本各地に散発的であることから，韓半島から日本列島への移住はほとんどなかったのではないかと考えている。

当時，韓半島南部には，図22に示したように，遺跡のある泗川，釜山・金海，蔚山という3つの拠点があり，そこを拠点に活発な交易が行われていた。また金属器やその素材を必要としていたのは弥生人だったので，需要と供給の原理をふまえると，韓半島から西日本へ渡る人が少ないのは当然かもしれない。

図23は紀元前1世紀から紀元後3世紀まで，慶尚南道から出土した外来系遺物を整理した図面だが，金海に非常に集中していることがわかる。ただし，この地図はおよそ200年間の累積結果を示しているので，紀元前1世紀からずっとこのような状態にあったことを意味しているわけではない。

IV 紀元前1千年紀の韓日交流─4つの段階設定─

弥生時代の韓日交流を4段階にわけた（図24～27）。

1 第1段階─紀元前10世紀後半，韓半島から九州北部への片方向─

水田稲作文化の文化複合体である松菊里類型の文化複合体が，韓半島から九州北部に拡散する。その原因としては，気候変動，人口増加，災害など諸説あるが，漂流や漂着による文化伝播，そして，その繰り返し，自ら新天地を求めての「生計型移住」の可能性を想定する。

およそ100年で農耕社会が成立したことを示す環壕集落が出現し，戦いも始まり，有力者も登場して，副葬小壺，磨製石剣，磨製石鏃という3点セットを副葬するという，韓半島南部と同じ副葬システムを共有する人々が現れる。

その後，水田稲作文化は，玄界灘沿岸地域においてほぼ250年かけて在来の縄文文化との融合をはかり，西日本の生態系に適合した水田稲作文化を創造してから，西日本各地に拡散していく。紀元前8世紀末には高知平野や鳥取平野にまで達し，紀元前7世紀には神戸付近でも水田稲作が始まる。

その拡散は，九州北部から直接各地に拡散するのではなく，灘単位の玉突き拡散であったことが木製農具の特徴などから推定されている。とくに大阪湾沿

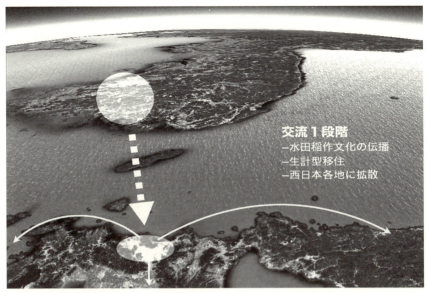

図24　交流第1段階（前10〜前5世紀）

岸地域では，地元二条山の安山岩ではなく，讃岐の安山岩が弥生前期の一時期だけ，シェアを占めることなどからも妥当な見解である。

２　第2段階―紀元前4世紀〜前3世紀，韓半島―九州北部双方向の交流―

　多くの円形粘土帯土器人が日本列島へ移住する段階である。円形粘土帯土器人は，韓半島南部から日本列島へ玉突きされて移住したわけではない。中国東北部で製作されていた鋳造鉄斧の製作技法を見ると，中国東北部と共通するのが九州北部に見られるのに対して，韓半島出土の鋳造鉄斧が独自な型合わせでできていることなどから，中国東北部から韓半島南部各地に移住した際，その一部は日本列島まで一気に渡って，移住した可能性が考えられる。生計型移住と受動的な移住が共存しているわけである。韓国式細形銅剣文化複合体が拡散し，日本列島でも区画墓に武器型青銅器やヒスイ製の勾玉，韓半島系の碧玉製管玉を副葬された厚葬墓が出現する。その後，青銅器やその素材を確保したうえで，青銅器生産を国産化するために，弥生人の韓半島への渡来が活発化する。

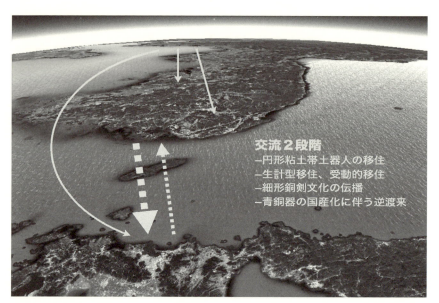

図25　交流第2段階（前4〜前3世紀）

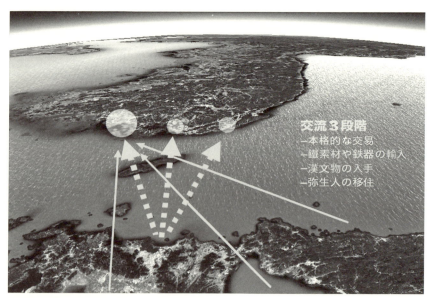

図26　交流第3段階（前2〜前1世紀）

3　第3段階─紀元前2世紀〜後1世紀，交易の開始─

　本格的な交易が始まる。九州北部の弥生人は鉄素材や鉄器を入手するため，韓半島南海岸地域を頻繁に訪問するようになる。こうした傾向は，時間の経過とともに，西日本各地の弥生人に広がっていく。

　前述したように，3つの拠点を通じて集中的な交易が行われる。もちろん弥生人は，楽浪，つまり前漢の文物を入手するためにも韓半島を訪問した。韓半島南部で作られた弥生土器が存在し，器種構成も九州北部と同じということは，弥生人の移住が行われたことを意味する。

　しかし，逆に韓半島の人々が日本列島へ訪問することは急速に減少する。韓半島南部に鉄素材などを輸出するくにが出てきたためである。

　結局，紀元前1千年紀のなかで，もっとも韓半島と西日本との往来が活発だったのが，この第3段階といえる。この時期は九州北部で実用の利器であった石器が完全に鉄器にかわる転換期にあたり，まさに鉄器時代に入った段階といえる。

図27　交流第4段階（後1〜3世紀）

それにくわえて前2世紀の終わりには，韓半島北部に楽浪郡が設置されることもあり，東北アジアが漢の影響を直接受けるようになり，その末端は九州北部に到達した。逆に言うと，九州北部地域は東北アジアという国際社会にデビューを果たしたのである。

韓半島と日本列島との間で移住や交易が活発化して全盛期を迎えたのは，このような世界情勢のなかでは必然的なことだったのである。

4　第4段階—紀元後—

韓半島で出土する弥生土器が急減して出土しなくなる。日本列島から韓半島への移住は想定できないが，金海地域を中心に，広形銅矛や仿製鏡など倭系青銅器が出土するようになる。

個別集団の間で商工業的な性格が強かった前段階の鉄器や青銅器の素材など財貨の交易よりも，政治体同士の間における祭祀品の交換が重要度を高めたと考えられる。「権力創出型交易」と呼ぶ。第3段階の韓半島側拠点であった勒島遺跡や蔚山における交易が行われた痕跡が見られなくなることからみても，対馬→壱岐へと続く倭への航海ルートに近いという，金海地域から洛東江下流地域にかけての地理的な利点を十分に生かしながら，交易を独占していったのであろう。

おわりに

最後に韓半島南部における仮説を設定しておく。

紀元前1千年紀の直前，韓半島南部において水田稲作が始まり，農耕文化が定着，発展する時期である。環濠集落など大規模な集落が出現して人口も次第に増加の一途をたどる。集落は，河川の近くの自然堤防上や，沖積地や低地など，水田稲作を行うのに適したところに多くが立地する。一方，貝塚は急減する。この時期の韓半島南部は，内需中心の経済社会段階だったといえるだろう。

しかし，紀元前1千年紀の後半は，いまだ生産システムが不明であり，畑や水田などの食料生産遺構も見つかっていない。集落の立地が高地に変わるのも大きな特徴である。さらに海岸の近くや島嶼地域にも遺跡が増加する。当然こ

の現象ともかかわるが，新石器時代以来，再び貝塚が増加する。この時期を総合すると外需経済の依存度が高まった時期といえると考えている。

　仮説的な表現であったが，こういった社会的な背景のもと，韓日関係のかたちも時期によって変化していったと考えている。

引用文献

李昌熙 2011「土器からみた加耶成立以前の韓日交流」『加耶の浦口と海上活動』，周留城

李昌熙 2013「環朝鮮海峡における土器の実年代からみた鉄器の出現年代」『日本考古学』35，日本考古学協会

李昌熙 2016a「弁韓社会の中心地移動論」『嶺南考古学』76，嶺南考古学会

李昌熙 2016b「青銅器時代の年代」『青銅器時代の考古学』2，書景文化社

李昌熙 2016c「弥生時代の韓日交流」『先史・古代の韓日交流』，福泉博物館

李昌熙 2017「紀元前1千年紀における韓日併行関係の再構築」『考古広場』20，釜山考古学研究会

芮ジウン 2011「韓半島出土の弥生系土器の研究」，嶺南大学校大学院修士学位論文

千羨幸 2009「無文土器時代における韓日間の地域関係変遷」『古文化』73，韓国大学博物館協会

端野晋平 2016「稲作農耕開始前後の日本列島・韓半島間の交流」『石堂論叢』64，東亜大学校石堂学術院

藤尾慎一郎 2013『弥生文化像の新構築』，吉川弘文館

年代測定における実践的ベイズ編年モデル

アレックス・ベイリス

はじめに

　ベイズ編年モデリングは考古学研究や古環境研究における放射性炭素年代の解釈に適用すべきすぐれた選択肢として，世界中で急速に浸透しつつある。この方法をルーチンで適用できるソフトウェアが20年以上にわたって使われてはいるが，発表されているモデルの半分以上は過去5年間に登場したものである〔Bayliss 2015〕。残念ながら，統計手法の開発ペースは，頑強なモデル構築に必要な試料の選択と報告に対するより細密な注意と整合していない。

　本稿では，過去20年にわたり，英国の考古学において（1万を優に超える放射性炭素年代を使用し，数百の遺跡に関して実施してきた）ベイズ編年モデリングの慣例的な適用から得られた経験を精選して概説するとともに，日本の状況においておそらく必要な実践上の修正について考察してみたい。

I 年代較正の問題点

　今やほとんどの考古学者は，放射性炭素年代（炭素14年代）を較正しなければならないことを認識している〔Pearson 1987〕。そして，ある特定の年の特定の日に収穫されたはずの1粒の米の較正年代が1世紀以上の年代範囲に及ぶのが普通であることを知っている。複数の放射性炭素年代を較正すれば，網羅する期間がさらに広くなる（図1）。放射性炭素年代測定は確率論的なプロセスであり，したがって放射性炭素年代を較正した範囲は試料の実際の暦年代の周辺に分散するからである。

　残念ながら，放射性炭素年代を較正したグラフの目視による検分は，遺跡がどの時代に始まり，どの時代に終息したのか，すなわち，その遺跡が使用された期間を推定するのに現時点で最も一般的に行われている方法であろう。図1

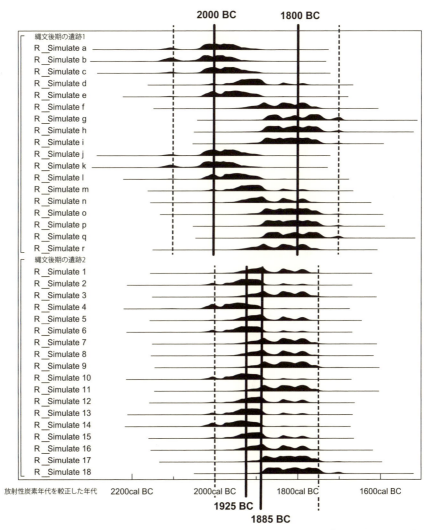

図1 2つの架空の縄文後期の遺跡（1および2）の放射性炭素年代から得られた較正年代〔Stuiver and Reimer 1993, Reimer et al. 2013〕
　放射性炭素年代は，紀元前2000年から1800年（遺跡1）まで25年ごと，および紀元前1925年から1885年（遺跡2）まで5年ごとに実際に年代を特定した試料からシミュレートしたものである（破線は坂本が加筆）。

（遺跡1）のようなグラフに直面した時，大部分の考古学者は（おそらくグラフの縁端部から確率分布の低い部分を除外した）最大幅の限界値を採用して分布を単純に検分し，当該遺跡における活動はおよそ較正紀元前 2100 年*から1700年まで行われていたと言うだろう。また，遺跡2に対しても同様に，およそ較正紀元前 2000 年から 1750 年までと推定するかもしれない。

　これらの解釈には重要な誤りがある〔Box 1979〕。図1の較正年代は，あらかじめ暦年代がわかっている試料から逆にシミュレートして得られた結果である。実際には，遺跡1が紀元前 2000 年から 1800 年まで 200 年にわたって使用され，遺跡2は紀元前 1925 年から 1885 年まで 40 年間使用されていたことがわかっている。いずれのケースにおいても，過去の活動が実際の状況よりも早く始まり，遅い時期に終息し，長い期間にわたって持続したと解釈されてしまう重大なリスクが存在するのである。大部分の較正年代に伴う不確かさと，多くの人為的活動の持続時間の相対的な短さを考えると，この年代に関する統計的なばらつきは，当該の考古学的活動における実際の持続期間や年代と比較して相当に大きなものになってしまう可能性がある。比例して，年代が特定されている活動の実際の期間が短い場合や放射性炭素年代の測定数が多い場合にはばらつきが大きくなる（たとえば，図1の遺跡1に示した較正年代に対する分散と実際の暦年代を図1の遺跡2と比較してみるとよい）。

　このような影響が生ずるのは，簡易な較正プロセスでは，適用した較正曲線のどの箇所にもその放射性炭素年代が等しく当てはまる可能性が高いと統計的に想定するからである。単一の測定であれば通常，この想定条件は妥当である。ただし，（たとえば遺跡が同じであるなど）何らかの形で関連性のある測定群になると，この想定条件は成立しなくなる。たとえば遺跡からの最初の試料が縄文後期のものであれば，その後に年代が特定される試料もおそらく縄文後期である可能性が高いからである。

　*　本稿では放射性炭素年代を「BP」として表記し，「紀元前」ないし「BC」という年代は暦によるスケールでの推定または実際の年代，「較正紀元前」ないし「cal BC」という年代は放射性炭素年代から導き出した較正年代，「*較正紀元前*」ないし「*cal BC*」というイタリック体の年代はベイズモデルから導出した<u>事後密度</u>による推定年代をそれぞれ指すものとする。

II ベイズの編年モデリング

　ベイズ統計学は，異なる種類の証拠を統合して過去に起きた事象の年代を推定するとともに，これらの推定年代の不確かさを定量するための明示的な確率論的方法を提供する。この手法により，較正プロセスにおける試料同士の関係を説明することができる。

　基本的な考え方はベイズの定理（図2）に要約されている。これは，ある問題についての現時点での我々の経験と知識（「事前の信念」）をもとに，その問題について集めた新たなデータを分析すること（「標準化された尤度」）を明確に記述したものである。これにより，現在の知識と新たなデータの両方を取り込んだ新たな理解（「事後の信念」）に到達することができる。ただし，これでこの問題が終わりになるわけではない。今日の「事後の信念」は明日の「事前の信念」になり，分析のサイクルが繰り返されるにつれて，新たなデータと解釈の集合体にさらなる情報を提供してくれるからである。

　ベイズ編年モデルを構築する際，年代測定で得られたデータが編年モデルの「標準化尤度」を構成する（図2）。これらのデータに対し，考古学的な「事前の信念」に照らして再解釈が行われるのである。ほとんどの場合，このデータは放射性炭素年代から得られた較正年代であるが，共伴する硬貨や年輪年代法による年代や，たとえばルミネッセンス法や古地磁気年代測定法などといった他の科学的な年代測定法から得られた結果が組み入れられる可能性もある。

　編年モデルの2つめの要素は，我々の「事前の信念」によって構成される。これらは，モデリングしようとする問題の考古学的な状況（コンテクスト）に対する知識を形式的かつ数学的に表したものに過ぎない。

　たとえば年代の特定されている墳墓が別の墳墓と交差している場合などのように，すでに年代が特定されている試料の相対年代について，明らかに強力な考古学的な確証が得られる場合がある。考古学的な層位がもたらすこの種の明瞭な相対的順序は，ある遺跡から連続的に得られた試料の較正年代に強力な制約を課すことが多い。ウィグルマッチングの際に適用される年輪情報も，採取した樹木の相対的な年代測定に有力な「事前の信念」をもたらす。より広い尺度において，たとえば型式学〔Needham et al 1998など〕やセリエーション

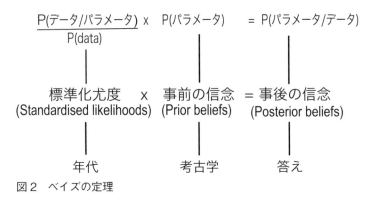

図2　ベイズの定理

〔Denaire et al 2017 など〕のように，相対的順序の得られる他の形態の考古学的な情報と年代を統合的に組み合わせることも可能である。

　これは一見して自明に思われるため，最初は編年モデルにおける重要性がはっきりとわからないこともある。この種の情報のうち最も一般的なのは，複数の放射性炭素年代は互いに関連しているというものである。これはほとんどの場合，採取した試料が1つの遺跡に関連するものだからである。しかしながら，たとえば特定の土器型式に関連する試料のように，他の形態の関連性にも適用できる場合がある。図1で検討した例に戻ると，個々の測定群が過去のある時点において始まり，終息するまで比較的連続して使用されていた遺跡から導き出されたという情報だけを用いて個々の遺跡の放射性炭素年代をモデリングすれば，図3に示すモデルが得られる。これらの統計モデルは，過去の実際の活動期間から導出される放射性炭素年代の分散を，単純に確率論的な放射性炭素年代測定プロセスから生じた分散と明瞭に区別することができる。どちらのモデルからもシミュレーションに入力した実際の年代と矛盾のない関連遺跡の発生と終息に対して形式上の推定年代が得られ，遺跡2の持続期間が遺跡1よりもはるかに短かったことを識別することが可能である。図3はまた，ベイズの編年モデリングが放射性炭素年代の較正年代を単に精緻化するだけでなく，モデルが出力する事後密度推定年代（黒で表示した部分）の精度が，単純に計算された較正年代（輪郭で表示した部分）よりも明らかに向上することを示している。さらに，たとえば遺跡が成立または遺棄された年代など，放射性炭素年代測定では直接特定されていない事象の年代分布を計算することも可能

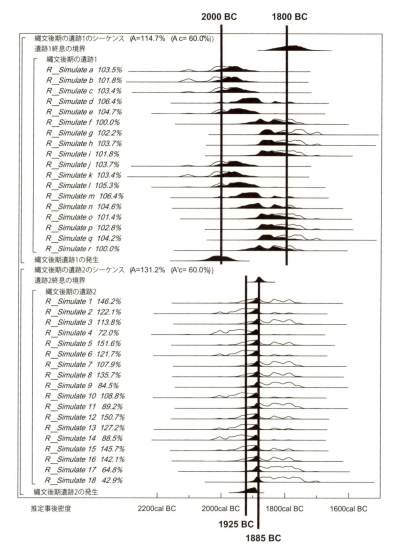

図3　図1に表示した2つの架空の縄文後期遺跡からシミュレーションによって得られた同じ模擬的な年代の確率分布

個々の分布は，事象が特定の時期に発生する相対確率に相当する。個々の年代に対し，2つの分布を作図した。1つは輪郭で表示した。放射性炭素年代を単純に補正したもの，もう1つは実線で表示した，適用した編年モデルにもとづくものである。他の分布はモデルの多様な側面に相当する。たとえば「遺跡1の発生」という分布は，遺跡1が成立した推定年代である。図の左側に沿って，OxCalのキーワードを囲むカギカッコは，モデル全体の境界を正確に定義するものである（https://c14.arch.ox.ac.uk/）。

である。たとえば，「遺跡1の発生」という事後密度の推定値（図3）は，当該遺跡から得られたすべての放射性炭素年代（aからr）と，この遺跡が遺棄されるまで連続して占有されていたという解釈を用いて計算されたものである。また，これらの測定結果をすべて用いることにより，遺跡が使われなくなった年代が推定されている（「遺跡1の終息」，図3）。こういった推定年代を比較することで，新たな確率分布を計算し，活動時代の持続期間を推定することが可能である。

　ベイズモデルから出力される「事後の信念」は，事後密度推定年代として知られている（図3の黒で表示した分布）。これらの確率分布は範囲として要約することが可能である。最高事後密度区間と呼ばれるこれらの範囲は，モデリングによって得られたものではない推定年代と明確に区別するため，イタリック体で表記されることが多い。

　理論的には，モデルが定義されれば，ベイズの定理を用いて「事後の信念」を計算することができる（図2）。しかしながら実際には，ほぼすべての編年モデルでは独立したパラメータが非常に多く，有益な分解能で考察することが可能な結果数を考えると，このような計算はほぼ実用的ではない（ウィグルマッチングは例外である）。マルコフ連鎖モンテカルロ（MCMC）法を用いてモデルのすべてのパラメータによる可能な解集合を確保しているのは，このような理由からである。真に代表的な特性を表す解集合がどの程度作成されたかを示す程度は「収束」と呼ばれる。収束の妥当性確認には多様な診断ツールが提唱されており，ベイズ編年モデルを実行するよう開発されているすべてのソフトウェアパッケージには，何らかの形態の収束チェック機能が採用されている。モデル出力の安定性だけが，そのモデルが妥当であるという基準ではない。我々は，モデルに投入される2つの成分，すなわち「事前の信念」と「標準化尤度」が両立するかを考察しなければならない。この両立性とは，個々のレベルでは，たとえば試料がモデルに配置された位置で本当に順序立っているのかどうかの考察であったり，全体のレベルでは，たとえば時代1が本当に時代2よりも早い時期なのかどうかの調査であったりする。

　現在のところ，ベイズモデルの妥当性を確認する方法は科学的な正確さを欠く。ただし，誤りのあるモデルの特定を補助し，「事前の信念」と「標準化尤

度」の不整合を特定できるいくつかの統計的なアプローチが開発されている。統計だけに依拠してモデルの不正確な成分をすべて特定することはできないが，データの考古学的，科学的な評価はモデルの妥当性確認における重要な要素である。

　モデルの成分の両立性に対する最初の統計的な評価方法は，形式的な統計外れ値分析である〔Christen 1994, Christen and Pérez 2009〕。この方法では，測定ごとに外れ値になる事前確率が付与され（通常は5%などの低い確率），得られている他の情報と整合しない場合には，モデルの中で年代にさらに下方の重みづけが加えられる。モデルからの出力はこの下方への重みづけによる影響を受け，通常のモデルからの出力に加え，試料が外れ値になる事後確率も作成される。この確率を用いて外れ値を特定し，排除するか，もしくは外れ値の加重を取り込んだモデルを受容することも可能である（技術的には，このアプローチはモデル平均化の一形態といえる）〔Bronk Ramsey et al 2010〕。このアプローチは，編年モデリングを実行できるよう開発されたソフトウェアパッケージの一部において利用することができる。

　第2に，OxCalソフトウェアから得られる一致指数を考察するという方法がある〔Bronk Ramsey 1995, 2009a〕。これらは形式的な統計アプローチから導出されるものではなく，理論的に定義された，すべてのケースに適用できるカットオフ値がないというデメリットはあるものの，モデル自体が計算に左右されないというメリットがある。また，これらは計算が容易であり，多様な事例研究において実践上の有用性と頑健性が立証されている。

　個々の一致指数からは，（すなわち事前の情報を取り込み，図3に黒で表示した）事後分布が事前分布（すなわち図3に輪郭で表示した較正年代または標準化尤度）とどの程度良好に一致するかを示す尺度が得られる。事後分布が事前分布の高い確率の領域に位置している場合は一致指数が高く，低い確率の領域であれば一致指数が低い。モデルにおける大部分の個々の一致指数が60（シミュレーションによって得られた閾値）を超える必要がある。このレベル未満の指数は通常は統計的外れ値であることが多いが（たとえば図3の「18」を参照），極端に低い一致指数は，モデルの特定の成分が誤りであり，詳しい調査が必要であることを示唆している可能性がある。

次に，個々の一致指数からモデルに対する全体的な一致指数を計算によって求め，事前情報と科学的年代の整合性の指標を得る。この場合も，モデルにおける一致指数の閾値は 60 であり，この値を下回る値が得られるモデルには厳格な再調査を実施することが望ましい（たとえば，時代 1 は実際には時代 2 よりも先でない可能性がある）。統計学的に重要なのは，モデルが閾値（A モデル = 60）に適合できないということであり，このような場合には警鐘が鳴らされるという点に留意する必要がある。ただし，モデルの一致指数が高い方が必ずしも「よい」とは限らない。なぜなら，一致指数はモデルに取り込まれている制約の強さによっても影響を受けるからである。すなわち，より有益な事前情報を取り込んでいるモデルは，条件が同じであれば，有益な「事前の信念」の少ないモデルよりも一致指数が低いということになる。

　実際はほぼすべてのケースにおいて，外れ値分析や一致指数では年代や事前の制約が問題のあるものとして同様に特定されるものの，これら 2 つのアプローチは互いに代替的な手法であり，同じモデルで使用すべきではない。しかしながら，これらはいずれも年代の特定された物質の特性や状況（コンテクスト）に対する精密な考古学的な評価や，放射性炭素年代測定の複雑さに対する科学的調査と整合している。これらはモデルの妥当性確認に欠かせない構成要素であり，どのような統計的アプローチを選択する場合でも常に適用することが望ましい。

　特定の年代，あるいはモデルの特定の成分に対する問題を特定した場合は，これらを解消しなければならない。解消するには，たとえば時代 1 は本当に時代 2 よりも先だったのか，これらが重複している可能性はないのか，といったように，モデルの全体的な構造を評価し直さなければならない場合もある。ケースによっては，1 つ 1 つの年代を個別に再解釈し，適切に取り扱わなければならない可能性もある。このような年代に対処するための最善の方法は，なぜこれらには問題があるのかという点に対する我々の評価結果によって変わってくる。最も一般的なカテゴリーは次のとおりである。

1) ミスフィット——予想される層位学的位置に適合しない，あるいは何らかの技術上の理由から正確でない年代。一般に，その層に留まっていることが立証されている試料はそれぞれの状況における「それ以後（*termini*

post quos)」の時点として使用することができるが，他の層から侵入した試料や不正確な年代は分析から除外しなければならない．層位の再解釈が可能な場合もある．
2) 外れ値―真の暦年代が 95% の範囲から外れている年代（20 のうち 1 の割合）．これらを除外すると結果に統計的なバイアスが生じるため，これらはモデル中に保持しなければならない．外れ値分析が役に立つ場合がある．
3) オフセット―知り得る量の分だけ較正データから系統的に外れる測定値．通常は，較正プロセスにおいてリザーバー効果を計上することができるが，常に可能というわけではない（たとえばガスを放出している火山に隣接して生えている植生など）．

妥当と思われる編年モデルを構築したら，ベイズモデリングにおける次の段階は，不完全なモデルを多様な側面から評価することである．この代替的モデルの構築は感度分析と呼ばれている．モデルの 1 つの成分を変更し，分析を再実施したら，もとのモデルとその派生形から得られた事後密度推定年代を比較する．これらの出力が非常に近いものであれば，モデルは変更した成分に感度を示さないと判断することができる（頑強であるといえる）．出力が顕著に違っていれば，モデルはその成分に対して感度を示していることになる．感度分析はモデルの出力がどの程度安定しているかを判断する上で有益なだけでなく，モデルのどの成分が最も重要かを特定するのにも役立つ．

ベイズアプローチの考古学年代への適用に関する概説が Buck ら〔Buck et al 1996〕によって提示されている．また，Bayliss ら〔Bayliss et al 2007〕は，考古学におけるベイズ編年の構築について，さらに具体的な内容を紹介している．

III ベイズモデリングのプロセス

放射性炭素年代の解釈にベイズ統計を適用する場合，明確な問題の定義に対する必要性，試料の選定における厳密さの要件，解釈における事前の理解に対する明確な考察の必要性が一層強く求められることになる．図 4 に，試料選定と編年モデリングのための反復的なアプローチを図示する．このアプローチ

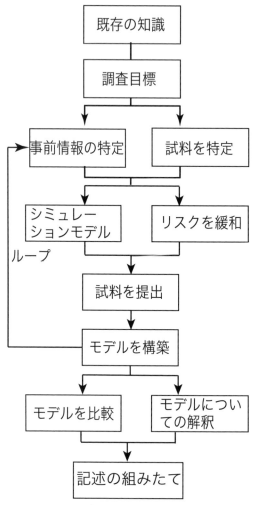

図4 ベイズのプロセス

は，過去20年の間に英国で繰り返し行われていた慣習から丹念に作出したものである。

このアプローチは次のように要約することができる。

1 問題の定義

問題の定義は，既存の知識という状況の中で組み立てが行われる。鍵となるのは，なぜ遺物や活動，遺跡の年代測定が必要であるかを特定することである。この理由によって，目下の問題を解決するのに必要な年代測定の精度が決まるからである。

2 試料の特定

年代測定に潜在的に適している試料の特定では，遺跡から回収したほぼすべての有機物を評価しなければならない。これは，いくつかの難しい考古学的問題に対する厳密な理解と，放射性炭素年代に付きまとう多様な科学的複雑さに対する考察の両方が必要になる複雑な作業である。

考古学的な判定基準

年代測定が可能な物質と関心対象となる考古学的活動の関連付けは最も重要である〔Waterbolk 1971〕。年代の特定されている事象（たとえばシカの角が落ちた年代）と目的とする事象（水路掘りなど）の関係は知る由もないが，考古学

的な確証をもとに推論する。この推論の根拠とその保証については，潜在的なすべての試料に対して具体的に検討しなければならない。

　時折，目的とする事象そのものを対象とする試料（たとえば土器型式の判明した土器片に付着している炭化した食物のかけらなど）の年代測定が可能な場合もある。しかしながら，通常重要なのは試料の状況（コンテクト）であって，特に堆積物の層序を編年モデルの事前情報として使いたいケースなどではなおさらである。むろん，層位からは試料状況の相対的な連続性についての証拠を得ることができるが，放射性炭素年代測定は試料の状況（コンテクスト）ではなく，試料の年代を測定するものである。すなわち，我々は，試料が堆積状況を反映したものである場合のみ，層位学的な連続性を用いて較正年代を制約できるということになる。

　実際には，考古学的な理由から，次に挙げる試料カテゴリーが優先される（おおむね優先度の高い順に提示する）。

- 関節を有する，または関節を構成する骨（発掘時に記録されるか，もしくは専門家の分析時にそのように特定されたもの）非癒合骨端を接合した未成熟な骨を含む
- 接合した土器片群の内面に付着している炭化残留物
- 両方の殻がつながった状態で発見された二枚貝軟体動物の殻
- 考古学的な構造物の組み立てに使用された木材
- 回収時の状況が機能面で関連付けられる炭化植物（炉床の木炭など）
- そこを掘るのに使用され，機能を失って廃棄された枝角または骨製の道具
- 湿地にあり，移動していない植物遺体
- 炭化物の明瞭な堆積層に残された，生育期間の短い炭化植物の断片

しかしながら，完璧な試料といったものは存在しない。潜在的な試料にはすべて，それぞれ長所と短所があり，試料選定の重要な点は，それぞれを年代測定用に提出するリスクを評価し，緩和することにある。単体試料の年代測定〔Ashmore 1999〕は，提出された試料に残留物や二次的な物質が含まれるリスクを最小限に抑制する。すなわち，明らかに単一の有機体（たとえば1つの穀粒など）に由来する試料の年代測定に対し，バルク試料の測定は含まれる破片すべての平均でありながらどの試料の値でもない年代が報告されてしまう。た

だし，堆積物の化学分画物質よりは水浸した大型植物遺体のように，年代測定でバルク試料の提出が最善または唯一の方法になるケースもある。

科学的判定基準

　放射性炭素年代測定に適した試料と認められるためには，基本的に2つの科学的な判定基準を満たさなければならない。まず，採取した有機体中の炭素が，当該の有機体が死んだ時点で大気中（もしくは明確に特性付けが行われている他の何らかのリザーバー中）の炭素と平衡した状態になければならない。さらに2つめとして，この炭素は他の炭素含有物質によって汚染されていてはならない。

　「古木効果」とは，樹齢の長い樹木の木質または木炭から年代を得ることをいう。年輪中の炭素はその年輪が刻まれた年にさかのぼるものであり，大きな木では中心が300年の歳月を経ていても樹木がまだ生長していることがある（これが，年輪年代学では年代を特定した木質を用いて放射性炭素の較正曲線を構築できる理由である）。これらのことから，すべての木質試料や木炭試料は，（ウィグルマッチング用に採取される年輪のように）連続する年輪中のあらかじめ特定した位置か，もしくは樹木の小枝もしくは外側の年輪（最大でも5年の生長が最適）から得た物質のいずれかで構成されていることが望ましい。

　リザーバー効果は，その一生のうちに試料に取り込まれた炭素が当時の大気と平衡した状態にない時に起こる。この場合，試料に対し，同時代の陸上試料よりも古い見かけの放射性炭素年代が割り当てられてしまうことになる。これらの試料に対して正確な較正年代を得るためには，較正プロセスの際に，該当するリザーバーのオフセット値を用いて見かけの年代を補正する必要がある。

　リザーバー補正を必要とする試料の大半は，海洋環境を由来とする。海洋試料の見かけの年代は，同時代の大気よりも平均して400年ほど古い。しかしながら，これは，非常に年代の古い湧昇深層水と表面水との混合によって局所的なばらつきがある。海洋試料は，国際的に合意を得ている海洋較正曲線（最新版はReimer et al. 2013）および適切な局所値（ΔR：デルタR）補正を用いて較正することが望ましい。これらの値を収載したデータベースはhttp://calib.org/marineから入手できる。海洋ほ乳類は広範な水域に分布し，多様なリザーバーから発生した炭素が取り込まれている可能性があるため，それから採取

された試料の較正は複雑である。

　淡水リザーバー効果は局所的で，極めてばらつきが大きい。このようなばらつきは，周辺の岩盤から発生する炭素 14 を含まない炭酸塩により，水中に溶解している大気由来の炭素が希釈されることによって生じる。

　（貝虫やヒルムシロの特定の種のように）完全に淡水の水面下で生息する有機体から採取した試料の年代を測定しなければならない場合は，局所的な補正値を入手するか，もしくは試験的な測定の一環としなければならない。河口のリザーバー効果は淡水と海水との混合によるが，この場合も極めて変動が大きく，局所的な補正が必要である。しかしながら，多くのケースでは，大気からの光合成によって体内の炭素を固定することから完全に陸生とみなされる（*Phragmites* sp.〈ヨシ〉などの）抽水植物の年代を測定することにより，これらのオフセットを回避することができる。

　海洋または淡水資源が摂取された骨試料では，食餌性オフセットが発生する可能性がある。正確な較正を行うためには，試料を採取した個体において，個々の取得源を由来とする食事の割合がどのくらいかを推定し，個々の食餌取得源の放射性炭素のリザーバーを確定しなければならない。これは複雑なプロセスであり，大部分のケースでは安定同位体の値から食餌取得源の比例モデリングを実施することによって行われる〔Fernandes et al. 2014 など〕。その後，該当する較正データを比例的に混合することが可能になる。すなわち，たとえばタンパク質摂取が 80% の陸生草食動物と 20% の海洋魚類で構成されていた人の骨コラーゲンに対する放射性炭素年代は，国際的に合意を得ている陸生および海洋較正曲線の 80%/20% の混合曲線を用いて較正が行われる（海洋較正曲線には適切な局所 ΔR 補正を適用すること）〔Reimer et al. 2013, Bronk Ramsey and Lee 2013〕。

　日本では昔の人々が海洋資源をはるかに広範囲に活用しており，国内でも，また英国の同時代の人々とも大きな違いがあるのが特徴である。英国では完全に陸生でない試料の年代が測定されていることは極めてまれであり，先史時代の大部分の人骨における食餌補正は最小限であるのに対し，日本の先史時代についてはこれらのどちらも当てはまらない。これは，日本の沿岸地域の正確なモデル作成には，過去のリザーバーの理解がはるかに本質的な問題であること

を意味している。

　放射性炭素による年代測定に適格と判断されるために試料が満たさなければならない2つめの科学的基準は，炭素を含有する他の物質によって汚染されていてはならないというものである。これは実質的には不可能である。日本の気候は湿気が多いことから，最低でも，地下水の有機成分が試料に汚染物質を付加していることになる。主要な汚染物質は岩盤から溶解した炭酸塩，土壌中の有機物の腐食から発生するフルボ酸やフミン酸である。年代測定施設が行う化学的前処理によって，これらの汚染物質は適正に取り除かれることが多い。しかしながら，時折，保存状態が悪く，試料の年代が適正に測定できない場合もある（ただし，たとえば骨全体の窒素含有量を用いた予備スクリーニング〔Brock et al 2010〕が可能なケースもある）。

　ここまで考察してきた汚染は自然環境を由来とするものであるが，我々は人為的な汚染源についても考慮しなければならない。たとえば過去の工業用途への使用によって汚染された地面から取得した試料など，これらの中には避けられないものもあれば，遺跡現場の発電機やウォーターポンプからの燃料漏れなど，考古学者によって偶発的に持ち込まれるものもある。さらには，試料の回収，処理，包装，保全の際に，考古学者が意図的に汚染を持ち込む場合すらある。そもそも，試料が汚染されていない方がよいのは明らかなことである。しかしながら，これらの物質の年代を実際に測定しなければならない場合に不可欠な要素は，年代を測定しようとする物質の性質，存在しうる汚染物質の種類，年代測定施設との緊密な連携である。

3　試料の選定

　試料を選ぶ際は，年代測定プログラムの目的を達成できる確率と，特定の試料または一連の試料の年代を測定するリスクを比較考量する。重要なのは，年代測定プログラムのリスクとコストを最小限に抑制しながら，得られる情報を最大化することである。

シミュレーション

　統計シミュレーションは，希望する分解能で年代測定プログラムの目的を達成するのに，どのくらいの数の試料の年代を測定しなければならないかを推定

するのに有効である。これは，年代測定プログラムから得られる可能性の高い代表的な範囲を網羅した連続的なシミュレーションによって実行することができる。

次の項目を定義しなければならない。
1) モデルに組み入れられる可能性のある問題に関連する事前情報
2) 年代測定に潜在的に適していると思われる試料群，ならびにこれらと事前情報の関係
3) 提出する試料に見込まれる年代と物質から考えて，選定した年代測定施設から報告される可能性のある誤差
4) 考察対象の問題に対して見込まれる，実際の暦年代に関する代表的なシナリオの範囲

遺跡ベースの研究では，年代測定に潜在的に適していると思われる試料のハリス・マトリックス，あるいはこれらの試料を遺跡の相とともに示した概略図が有効に機能する場合が多い。その後，これらの情報をシミュレーションモデルに統合する。

たとえば，単一の相でできている小さな鉄器時代の農場があり，この農場がいつ人によって占有され，何世代にわたって続いたのかを1世紀の分解能で知りたいと考えているとしよう。骨は保存されていないため，多様な遺構に残った農場の火にあたって炭化した植物の年代測定に依拠することになる。必要な分解能を得るのに，どれくらいの数の試料の年代を特定すればよいだろうか。このケースで我々が得ている事前情報は，すべての試料が，農場が構築されてから遺棄されるまでの期間に由来とするものだという事実である。存続期間の短い単体試料（枝や種子などを想定）が潜在的に数多く存在し，加速器質量分析（AMS）による測定では±35前後の誤差が得られるとする。たとえばこの遺跡は紀元前1世紀の最後の数十年の間に40年間にわたって占有されていたとして，我々は6つの焼けた遺構からそれぞれ2つずつ（すなわち合計で12の）試料を採取する。こうして，図5に示す形態のモデルが得られる。

この結果は我々に，この遺跡が紀元前90年から紀元後15年（95%の確率，農場の発生，図5）の間に成立したことを物語っている。この期間は105年に及び，シミュレーションに投入した実際の年代（紀元前40年）も含まれてい

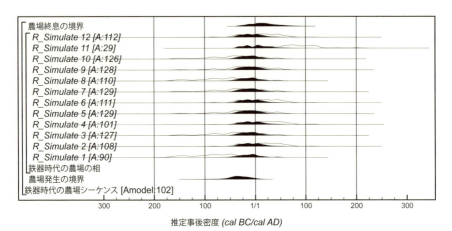

図5　鉄器時代後期の農場からシミュレーションによって得られた年代の確率分布
集落の使用に対する均一な分布を取り込んだ編年モデルから導出したもの。図の左側に沿って、OxCal のキーワードを囲むカギカッコは、モデル全体の境界を正確に定義するものである（https://c14.arch.ox.ac.uk/）。

る。また，この遺跡は紀元前40年から紀元後85年（95%の確率，農場の終息，図5）の間に終息を迎えたと推定される。この期間は125年であり，やはりシミュレーションに投入した実際の年代（紀元前1年）が含まれている。いずれのケースにおいても，モデルからは希望する精度レベルで主要なパラメータの推定値が得られていない。そこで，別の遺構からさらに2つのシミュレーション年代を追加し，モデルを再度実行してどの程度得られる精度が向上するかを確認することにする。最終的に，年代の明らかに異なる数の試料を考慮することにより，個々の主要なパラメータに対して得られた年代範囲を作図することができた（図6）。このケースでは，14の試料に対する年代を取得することで，このアプリケーションに対する希望の精度レベルが達成された。

もちろん，我々は実際には，この遺跡は紀元前40年から同1年まで40年間使用されていたことを知っているわけではない。紀元前80年から同40年まで40年間使用されていたのかもしれないし，紀元前70年から同50年まで20年間だったかもしれないし，紀元前100年から同20年までの80年間の可能性だってある。つまり，我々は異なるシナリオに対する一連のシミュレーションと，図6の形態の連続的なグラフ（このグラフそのものが10のシミュレーションモデルを要約している）を作らなければならないのである。このケースでは，

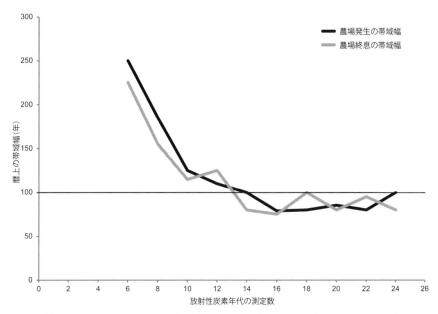

図6 架空の鉄器時代後期の農場に対する編年を目的とし，放射性炭素年代の測定数を増やした一連のシミュレーションから，農場発生および農場終息のパラメータに対して得られた最高事後密度区間の暦上の帯域幅

この農場は紀元前40年から同1年まで，40年にわたって使用されていた。モデルは図5に示す形態のものを適用した。

おそらく150から200のシミュレーションモデルを構築する必要があるだろう（それには，経験のあるモデル作成者をおそらく半日は拘束する必要がある）。これにより，このような用途において必要な精度を達成するために必要になると思われる試料数の変動についての着想を得ることができる。おそらく，ベストケースでは12の試料ですむが，最悪のケースでは20の試料が必要になる場合もある。

次は，試料採取の戦略に対する情報を得るためには，これらの情報をどのように活用したらよいかについて考えなければならない。シミュレーションは特定の目的を達成する上で統計的に必要になる試料の数についての指針に過ぎないからである。戦略には考古学的要因も投入する必要がある。たとえば前例の農場には7つの構造物があり，それぞれに炉床や火に当てられたその他の遺構があるかもしれない。おそらくこのケースでは，建造物ごとに1つの遺構から

2つの試料を採取し，年代を測定するのが賢明だと提言することになるだろう。試料採取の戦略は，統計学的に成り立つだけでなく，考古学的な性質を代表するものでなければならないのである。

　実用面の重要事項についても考慮しなければならない。コストの最大限の節減が最重要事項である場合，まず12点の試料の年代測定を依頼し，測定結果をモデリングした後，必要に応じてさらに6点の試料の年代測定を追加することも可能である（図4）。この場合，その遺跡が実際に我々のシミュレーションを用いて調査する較正曲線の最も有利な部分に該当していれば，6点の放射性炭素年代の測定に要するコストを節減することができるかも知れない。しかしながら，何の節減にもならないどころか，発掘後のプログラムを数ヵ月延長しなければならない可能性も否定できない。これではそもそも，放射性炭素年代の測定に要するコストに実現しうる節減よりも多くの費用がかかってしまうことになり，最初から20点の試料を提出した方が費用対効果が高いという可能性も考えられる。

　一般的に，最も簡易なアプリケーションを除き，すべてのケースにおいて少なくとも2回の年代測定を実施することが望ましい。

リスクの緩和

　これまでのところ，我々は，すべての試料から意図する対象事象の年代が得られ，すべての測定結果がそれぞれ見積もられた不確かさの範囲で正確であるという，いわば楽園の住人であった。しかしながら，現実の世界はこうはならない。完璧な放射性炭素年代試料というものはほとんど存在しないし，完璧な試料採取の戦略はさらに少ない。試料群の年代測定には，常に何らかのリスク要素がつきまとっている。ただし，本稿ではこれをできるだけ抑制し，可能であれば緩和することを目指してみよう。

　これは，個体と群の両方において，得られた放射性炭素年代の正確度を試験してみることで実現が可能である。我々の試料採取の戦略では，試料群の考古学的な弱点がもたらすリスクと，これらの科学的な複雑さによって生じるリスクの両方を考察しなければならない。結果の検分方法として活用できるいくつかの方法がある。

1) 互いに関連する放射性炭素年代群の整合性，明瞭な外れ値やミスフィッ

トはないか
2） 一連の結果と，考古学的情報（層位など）から明らかになっている相対的な年代順との両立性
3） 同じもしくは類似の物質に関して得られた結果における再現性

　最初の2つは，放射性炭素年代測定による結果が報告された時点で効力を発揮する。ただし，測定の再現性は，全体的な試料採取戦略の一環として選択しなければならない。複数回の測定は科学への偏愛ではないし，高価なぜいたくという訳でもない。どちらかというと，放射性炭素年代測定に関して試料採取の戦略と競合する基本的要素である。複数回の測定は，同じ状況または遺構から得た，異なる試料に関する場合と，同じ試料に対する場合の2種類がある。前者では年代を測定した試料が残留性や二次的なもの，あるいは侵入したものであるというリスクを緩和し，後者では特定の物質の年代測定に関わる科学的なリスクを緩和することができる。考古学的な問題に対処するために年代の確定している試料を何回再測定するかは，得られている結果と目的とする出来事との関係がどれほど確からしいかに依存する。科学的な複雑さへの対処を目的として行われる，年代の確定している試料の複数回の測定は，一般に同じ試料か，もしくは同じ試料の異なる<u>分画</u>（たとえばフミン酸と堆積物試料のフミン分画など）に対するものになる。たとえば関節を有する草食動物の骨と人骨が同じ墳墓から出土し，この「完璧な組み合わせ」によって人骨の食餌性オフセットが検分できる場合のように，複数回の測定が放射性炭素年代に対するオフセットのチェックに必要になる場合もある。

　放射性炭素年代測定のための試料採取の戦略は，これらすべての要素を考慮に入れなければならない。当該期の較正曲線の形状や，編年モデルに組み入れることのできる考古学的な事前情報などを取り入れたシミュレーションによって，特定の用途に対して必要になる試料数を示唆することができる。他の条件が同じであれば，モデルに対する考古学的な制約が多いほど，必要な放射性炭素年代は少なくなる。すなわち，これらの事前情報と，これらの活用を実現するのに適した試料の選定は，極めて費用対効果が高いのである。理論的なシミュレーションモデルは有用ではあるが，高度に知的な解釈が必要になる。また，試料採取の戦略は年代を測定しようとする考古遺物の代表的な性格を表す

ものでなければならない。したがって，試料の考古学的・科学的な特性におけるリスクを緩和するために，十分な回数の測定を依頼する必要がある。

4　試料の提出

年代測定をどこで行うかは，ベイズ編年モデリングにおける次の段階である。測定施設を選定する際は，通常は技術面と実用面の複合的な要素について考察しなければならないことが多い。試料を2つの異なる施設に提出することで，ある程度のクロスチェックを得ることができ，放射性炭素年代測定の再現性と正確さを確保するのに役立つが，プロジェクトの予定表と資金調達に複雑さが加わることになる。

年代を測定しようとする試料から生じるおそれのある技術的制約について考慮しなければならない。測定施設によっては年代測定を受け入れないような特殊な物質が試料の中に含まれていないか。試料が汚染されていたり，極めて少なかったりすることはないか。見積もられる精度は，年代測定プログラムに大きな影響を及ぼすか。特殊な試料や汚染された試料の場合，試料を送付する前に測定施設に連絡を取り，提出の可能性について協議するのはもちろん意義のあることである。また，測定品質も本質的な考察事項の1つになる。測定施設が適用している技術手順は，詳細に公表され，これらの詳細を追跡しなければならない次の世代の研究者が入手できる状態にあることが望ましい。また，測定施設は国際的に認知されている標準物質を使用し，放射性炭素年代測定に対する一連の国際的な相互比較演習（ごく最近ではSIRI〔Scott et al 2017〕〈The Sixth International Radiocarbon Intercomparison：第6回国際放射性炭素相互比較演習〉）にも参加している必要がある。また，測定施設はそれぞれ独自の内部品質保証手順を構築していなければならず，これらの結果が発表されていることも多い。放射性炭素年代測定施設の選定に影響を及ぼすその他の考慮すべき事項は，たとえば測定に必要な期間，コスト，（食餌性試験における安定同位体分析のような）付随する分析の可否など，実用面に関するものである。放射性炭素年代測定施設の詳細なリストが，*Radiocarbon*誌によって維持管理されている (http://www.radiocarbon.org/Info/Labs.pdf)。

試料は，自身が放射性炭素年代測定施設に分析してほしいと希望するそのも

のでなければならない。たとえば，ある状況から得たいくつかの穀粒がある場合，大きくて保存状態のよい穀粒を選定し，できるだけ正確な植物学上の同定情報を入手して，この1粒の穀粒をガラスバイアルに入れて分析施設に送り，年代測定を依頼することになる。この場合，複数の穀粒を送ってはならない。分析施設は顧客が単一試料の年代測定を希望していることを知らず，分析用に一括してまとめてしまう場合があるからである。選定した穀粒が小さすぎる場合には，分析施設から連絡があり，交換を求められることになる。すべての試料は，年代測定用に提出する前に詳しい記録をとっておかなければならない。放射性炭素年代測定は高額な費用のかかるものであることから，試料のラベルと添付文書が一致しているかを二重にチェックするのは意義のあることである。

5　モデルの構築

最初の編年モデルを放射性炭素の結果が報告された時点で構築し，その後にシミュレーションモデルによる結果に置き換える。実際の結果が常に予想されたとおりになるとは限らない。誤差を生じるケースとして最も多いのは，年代測定試料の埋没過程に対する評価である。試料が残存性または侵入性の場合もあれば，モデルに組み入れられた事前の考古学的情報を再考しなければならないケースもある。場合によっては，測定施設での放射性炭素測定に何らかの誤りが生じ，試料の技術的な詳細を精査するよう求めなければならないケースもあるだろう。

これらの問題が特定され，適切な方法で再モデリングを行ったら，現在の放射性炭素年代一式に詳細な模擬年代を追加し，潜在的な試料群から追加の試料を選定する。これらの年代を測定し，サイクルを反復する（図4）。できれば，それ以上の模擬年代を追加してもモデルから生成される精度が改善されないところまでサイクルを反復するのが理想である。しかしながら，実際には，それ以上の試料を確保する予算がなかったり，発掘後のスケジュールにおいてそれ以上の採取作業に対応できなかったりすることが多い。

6　モデルの報告

ベイズ編年モデルの報告はプロセスの反復における最終段階である。すべての編年モデルの構造は解釈が可能で，その構造は，較正年代や統計手法が改善されるに従って，また，考古学的な理解が進み，新たな疑問が提起されるようになるにつれて改訂が行われる。すなわち，発表される結果は，提示するモデルをどんな理由で，またどのような方法で組み立てたかを単に説明するだけでなく，読み手がこれらのモデルの長所と短所を理解し，将来の研究者による批評的な評価と再構築が実現できるだけの十分な情報を提供することを意図したものなのである。編年モデルの報告には，次の内容を組み入れなければならない。

1) 年代研究の目的。これらの目的を達成するのに必要な年代測定の精度，ならびに入手した資料や事前情報，確保できた財源などによってこれらの目標をどのように再構成することが可能であったかについての考察を併記する。
2) 用いた方法論。放射性炭素年代の較正データ（およびリザーバーの補正），統計的方法，使用したソフトウェアの詳細を併記する。
3) 適用した試料採取戦略。プロジェクトで入手した潜在的な試料群，入手した事前情報，シミュレーションモデルの結果，その他の関連因子，これらの要素を戦略に統合した理論的根拠についての考察を併記する。
4) 科学的年代の詳細。測定施設が結果を得るために，試料を実際に前処理し，調製し，測定した方法，放射性炭素年代測定の結果とこれらに付随する測定，およびこれらの計算方法，再現性に対する分析の詳細，リザーバー補正を含め，適用した較正プロトコルの詳細を併記する（さらに詳しい説明については，Bayliss 2015 の P. 681〜90 を参照）。
5) モデルは再構成ができるよう，明確に定義しなければならない。発表されている大部分のモデルは文献にあるソフトウェアパッケージのいずれかを用いて作成されたものであり，それぞれのソフトウェアに関連のある出版物の説明に従って定義することが可能である。簡易なモデルや派生モデルをテキストで定義できる場合もある。まだどこにも発表されて

いない新たな統計手順を用いて構築されたモデルでは，技術上の数学的補遺が必要になる。
6) モデルに対する正当な根拠を提示しなければならない。組み入れた事前情報について詳しく説明し，その長所と短所を評価する必要がある。目の前にある問題に対してモデルの前提条件は適切か，データの事前情報との関連性は確からしいか，外れ値やミスフィットは特定されているかについて考察することが望ましい。
7) 感度分析の結果を提示して，モデルの長所と短所を評価することが望ましい。この場合の評価は，モデルの構成成分を多様に変化させ，モデリングの根拠とする解釈の変化に対して編年モデルがどのような感度を示すかを確定するという方法で行うのがほとんどである。

ベイズ編年モデリングは時間のかかるプロセスであり，スタッフは分析や最終的な結果報告の出版とほぼ同じ時間を試料の選定とシミュレーションの実行に費やさなければならないことが多い。しかしながら，既に得られている年代の連続にモデルを融合させるよりも，むしろモデルを中心に試料を選定するプロジェクトでははるかに高い精度の編年が一貫して得られており，費用対効果や考古学的な有用性もはるかに優れているのである。

IV 編年のモデリングによる影響

これで，放射性炭素年代測定によって1世紀未満，すなわち人の一生よりも短く，場合によっては数十年という分解能で正確な編年を慣例的に行う方法が確保できたことになる。しかしながら，これは大変な作業である。細部に精密に目を配らねばならず，試料を選定し，正確に測定するという点で優れた考古学者と放射性炭素年代測定施設の両方が必要になる。これらの労力をかける価値はあるだろうか。

今日の多義的な考古学では，主題の根本をなす単独のパラダイムは存在しない。つまり，おそらく，このことによって問題になるのは，人々が考古学に取り組む方法をどのように選択するかということよりも，あらゆる理論的枠組の範囲内で如何様にも対処することができてしまうということであろう。ここ数十年の間，考古学では「長い時間」(long-term)という面が強調されていて，

考古学的な記録の強みの1つが時間的な奥行きであることは疑いない。しかしながら，これが強調されているのは，現在ある多くの編年の分解能が長い時間しか見ることのできないものという前提があるのではないだろうか。それは，これらの編年が何世紀もの年代の不確かさによって「不鮮明に」なっているからではなかろうか。

　ベイズの編年モデリングは，この「長い時間」という考え方を必須なものではなく，選択肢の1つにすることができる。英国の考古学では今まさに，先史時代の社会は我々がこれまで予測してきたよりもはるかに動的であり，すなわち変化はもっと早いペースで起こり，占有はそれほど長い期間ではなかったのではないかと考え始めている。図7に示したのは，較正紀元前3630年代当時における英国中南部の小さな地方の人文景観である。この図について少し考えてみよう。1世紀以上に及ぶこの地方の発掘と，過去20年における放射性炭素年代測定および編年モデリング〔Whittle et al. 2007, 2011〕の集中的な研究から，この景観を北から南に横断する散策を通して実際に行われたかのように想像してみることができる。

　小高い丘を抜けると，我らが散策者はウィンドミル・ヒルで大周溝の中央の溝を建造している人々に出くわし，少し進むと，今度はウェスト・ケネットの長形墳で最後の埋葬を行う一団に出会う。さらにその先にある次の長形墳ファッセルズ・ロッジでは，焼け落ちた木造の死の家のくん焼遺物の周辺で催されていた4頭の牛の饗宴に居合わせる。先を急ぎ（つまり，土饅頭を築くという重労働から逃げるようにして），彼は今度はワー・バロウの盛られたばかりの別の芝土の塚にやってくる。ただし，ここで待ち受けるのは，数十年前に胸を矢で射ぬかれて殺され，その遺体がいまだ埋葬されないまま，ミイラ化した状態で管理されている若い男の物語である。おそらくはそれまでなじみのない，この地方の慣習について熟考しながら，彼はハンブルドン・ヒルの大遺跡群に近づいていく。ちょうどその時，まったく思いもかけず，その入口で激しい攻撃に出くわす。

　これは部分的に脚色した編年史である。これらの出来事がすべて較正紀元前3630年の同じ週に起きたというわけではないが，人の一生の間に起きたという確率は非常に高い。新石器時代に生きた人がこれらすべての出来事に居合わ

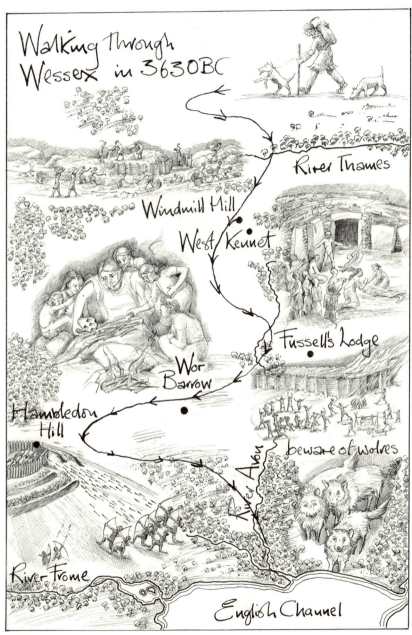

図7　較正紀元前3630年代におけるウェセックスの道のり

せていた可能性だってある。しかしながら，実際に起きたことを綴った編年史は解釈による記述と同じではない。実際の編年史では，より広範囲の疑問について考察しなければならないからである。周溝と葬儀が当時なぜそんなに普及し，これらはどのようにつながっているのか。ハンブルドン・ヒルの遺跡群は何世紀もかけて構築されたのに，なぜウィンドミル・ヒルは数十年のうちに完成したのか。長形墳の葬儀が全体としては非常に類似しているのに，それぞれは独自のやり方で違っているのはどうしてなのか。我々の新たな編年史が，新石器時代の英国のこの地方が経験した，同時代に生きた人々の営みの地平を明らかにすることで，これらの疑問の答えが見えてきている。

　何よりもまず頭に置いておかなければならないのは，たとえどんなに正確なものであろうと，年代は単なる「数」に過ぎないという点である。これらによって過去の異なる出来事を比較し，それらの間の時間的経過を測定できた時に，年代は初めて意味を持つのである。英国考古学の経験は，ベイズの編年モデリングを 10 年以上にもわたって慣例的に適用してきてはじめて，その影響力を明らかにできるに足る明確に年代特定された遺跡の集成・蓄積が可能になったことを実証している。かの David Clarke〔Clarke 1973〕は，一昔も前に語っている。「新たな方法論の導入によってもたらされる結論は，新たな方法の導入そのものよりもはるかに意義のあるものである」。

謝辞
　本稿の提示にお声かけをいただき，また，その完成稿において辛抱強い編集上の博識を頂戴した藤尾慎一郎教授，ならびに我々を紹介してくださった Simon Kaner 博士に感謝を申し上げる。図 7 は翻訳家の Judith Dobie の原典にもとづくものである。

付録　関連ソフトウェア
　ベイズ編年モデリングには，無償でダウンロードできる多種多様なソフトウェアを利用することができる。幅広いモデルの構築が可能なパッケージもあれば，より専門的なものも入手が可能である。

　BCal - オンラインプログラム，http://bcal.shef.ac.uk/ から入手可能〔Buck et al. 1996, 1999〕

OxCal - オンラインおよびダウンロードプログラム，https://c14.arch.ox.ac.uk/OxCal から入手可能〔Bronk Ramsey 1995; 1998; 2001; 2008; 2009a-b, Bronk Ramsey et al. 2001; 2010, Bronk Ramsey and Lee 2013〕

Bacon - ダウンロードプログラム，フレキシブルなベイズ統計による age-depth モデルの構築が可能。http://www.chrono.qub.ac.uk/blaauw/wiggles/ から入手可能〔Blaauw and Christen 2011〕

Bchron - ダウンロードプログラム，統計ソフト R（http://www.r-project.org/）の環境下で慣用的な age-depth モデルの構築や相対的な海水準変動の推定が可能。http://cran.r-project.org/web/packages/Bchron/index.html から入手可能〔Haslett and Parnell 2008, Parnell and Gehrels 2015〕

用語解説（本文中の下線をひいた語句を説明する）

一致指数：OxCal が出力する，モデルと測定結果との一致具合を示す指標。図 2 において，モデルは"考古学"に，測定結果は"年代"に相当する。

（リザーバーの）オフセット値：大気や海洋など，炭素の容れ物（リザーバー）により炭素 14 の濃度が異なるため，両者の放射性炭素年代に見られる値のずれ。

ガラスバイアル：試料を入れるためのガラス製の小瓶。

感度分析：ベイズ統計において，モデルの変更に対して結果がどれほど変わるかを，感度という指標で表す。モデルが頑強になれば，感度は低くなり結果が変わらなくなる。

くん焼遺物：炎を上げず，燻された状態で焼け残った遺物。

残存性・侵入性：埋没していた遺物がそれ以前から存在したものか（残存），それ以後のものが入り込んだか（侵入）。

閾値：その値を上回るか，下回るかでモデルの妥当性を判断する基準。

事後密度：ベイズ統計の考えに基づいて計算された確率密度。

食餌性オフセット：同時に出土した草食動物の骨と人骨の測定値の違い（オフセット）は，草食動物とは異なるヒトの食べもの（食餌）を反映する。

収束：ベイズ統計において，モデルを変えても計算結果が変わらなくなる状態。

相：層序など，遺跡の変遷を追う上で手がかりとなる情報。

抽水植物：水生植物のなかで，根が水底の土中，茎や葉が水面の上にあるもの。光合成で大気中の二酸化炭素を取り込むため，放射性炭素年代法では陸生植物とみなされる。

外れ値：真の値から外れていると統計的に判断する値。ベイズ統計では，外れ値と思われる結果を過少に評価して計算を繰り返し，それを特定する（統計外れ値分析）。

バルク試料：一括りにした試料。本来異なる時期の試料が含まれている可能性があり，放射性炭素年代測定には適さない。

ハリス・マトリックス：遺跡の層序をダイヤグラムに書き下ろし，新旧関係を把握する方法。イギリス考古学者ハリスが1973年に考案。

比例モデリング：異なる濃度比をもつ2つの成分が混合すると，その濃度は両者を直線で結んだグラフ上に位置する。比例関係にあるので，両者の成分比を知ることができる。

ヒルムシロ：浮遊性の水草の一種。光合成で水中の二酸化炭素を取り込んでいるため，淡水リザーバー効果の影響を受ける。

フルボ酸・フミン酸：植物などが土中で分解されてできた腐植物質のうち，アルカリに溶ける物質。フミン酸は酸で沈殿するが，フルボ酸は沈殿しない。酸・アルカリ・酸処理はこれらを除くために行われる。

分画：混合物をそれぞれの成分に分けたもの。

ベイズ編年モデリング：ベイズの定理に基づく統計学的な手法で編年を構築する方法。補遺を参照。

マルコフ連鎖モンテカルロ法：乱数を用いたシミュレーション計算（モンテカルロ法）を，次に起こる出来事の確率が1つ前の過去から計算できるような過程（マルコフ連鎖）を用いて収束させる方法。

湧昇深層水：長い年月をかけて循環する海洋深層水が表層に湧き出したもの。炭素14が減少しているので，古い放射性炭素年代を示す。

引用文献

Ashmore, P, 1999 Radiocarbon dating: avoiding errors by avoiding mixed samples, Antiquity, 73, pp. 124-30

Bayliss, A, 2015 Quality in Bayesian chronological models in archaeology, World Archaeol, 47, pp. 677-700

Bayliss, A, Bronk Ramsey, C, van der Plicht, J, and Whittle, A, 2007 Bradshaw and Bayes: towards a timetable for the Neolithic, Cambridge Archaeological Journal, 17 (suppl), pp. 1-28

Blaauw, M, and Christen, J A, 2011 Flexible palaeoclimate age-depth models using an autoregressive gamma process, Bayesian Analysis, 6, pp. 457-74

Box, G E P, 1979 Robustness in scientific model building, in Robustness in statistics (eds R L Launer and G N Wilkinson), pp. 201-36. New York (Academic Press)

Brock F, Higham T, Bronk Ramsey C, 2010 Pre-screening techniques for identification of samples suitable for radiocarbon dating of poorly preserved bones, Journal of Archaeological Science, 37, pp. 855-65

Bronk Ramsey, C, 1995 Radiocarbon calibration and analysis of stratigraphy: the OxCal program, Radiocarbon, 36, pp. 425-30

Bronk Ramsey, C, 1998 Probability and dating, Radiocarbon, 40, pp. 461-74

Bronk Ramsey, C, 2001 Development of the radiocarbon calibration program OxCal, Radiocarbon, 43, pp. 355-63

Bronk Ramsey, C, 2008 Deposition models for chronological records, Quaternary Science Reviews, 27, pp. 42-60

Bronk Ramsey, C, 2009a Bayesian analysis of radiocarbon dates, Radiocarbon, 51, pp. 37-60

Bronk Ramsey, C, 2009b Dealing with outliers and offsets in radiocarbon dating, Radiocarbon, 51, pp. 1023-45

Bronk Ramsey, C, and Lee, S, 2013 Recent and planned developments of the program OxCal, Radiocarbon, 55, pp. 720-30

Bronk Ramsey, C, van der Plicht, J, and Weninger, B, 2001 'Wiggle matching' radiocarbon dates, Radiocarbon, 43, pp. 381-9

Bronk Ramsey, C, Dee, M, Lee, S, Nakagawa, T, and Staff, R A, 2010 Developments in the calibration and modeling of radiocarbon dates, Radiocarbon, 52, pp. 953-61

Buck, C E, Cavanagh, W G, and Litton, C D, 1996 Bayesian Approach to Interpreting Archaeological Data, Chichester: (Wiley)

Buck C E, Christen J A, and James, G N, 1999 BCal: an on- line Bayesian radiocarbon calibration tool, Internet Archaeology, 7 (http://intarch.ac.uk/journal/issue7/buck/)

Christen, J A, 1994 Summarizing a Set of Radiocarbon Determinations - a Robust

Approach, Applied Statistics, 43, pp. 489-503

Christen, J A, and Pérez, S E, 2009 A new robust statistical model for radiocarbon data, Radiocarbon, 51, pp. 1047-59

Clarke, D L, 1973 Archaeology: the loss of innocence, Antiquity, 47, pp. 6-18

Denaire, A, Lefranc, P, Wahl, J, Bronk Ramsey, C, Dunbar, E, Goslar, T, Bayliss, A, Beavan, N, Bickle, P, and Whittle, A, 2017 The cultural project: formal chronological modelling of the Early and Middle Neolithic sequence in Lower Alsace, Journal Archaeol Method and Theory, 24, pp. 1072-1149

Fernandes, R, Millard, A R, Brabeck M, Nadeau, M-J, and Grootes, P, 2014 Food Reconstruction Using Isotopic Transferred Signals (FRUITS): a Bayesian model for diet reconstruction, PLoS ONE, 9, e87436

Haslett, J, and Parnell, A, 2008 A simple monotone process with application to radiocarbon-dated depth chronologies, Applied Statistics, 57, pp. 399-418

Needham, S, Bronk Ramsey, C, Coombs, D, Cartwright, C, and Pettitt, PB, 1998, An Independent Chronology for British Bronze Age Metalwork: The Results of the Oxford Radiocarbon Accelerator Programme, Archaeological Journal, 154, pp. 55-107

Parnell, A C, and Gehrels, W R, 2015 Using chronological models in late holocene sea-level reconstructions from salt marsh sediments, in Handbook of Sea Level Research (eds I Shennan, B P Horton, and A J Long), Chichester: Wiley

Pearson, G W, 1987 How to cope with calibration, Antiquity, 61, pp. 98-103

Reimer, P J, Bard, E, Bayliss, A, Beck, J W, Blackwell, P, Bronk Ramsey, C, Buck, C E, Cheng, H, Edwards, R L, Friedrich, M, Grootes, P M, Guilderson, T P, Haflidason, H, Hajdas, I, Hatté, C, Heaton, T J, Hoffmann, D L, Hogg, A G, Hughen, K A, Kaiser, K F, Kromer, B, Manning, S W, Niu, M, Reimer, R W, Richards, D A, Scott, E M, Southon, J R, Staff, R A, Turney, C S M, and van der Plicht, J, 2013 IntCal13 and Marine13 radiocarbon age calibration curves 0-50,000 years cal BP, Radiocarbon, 55, pp. 1869-87

Scott, E M, Naysmith, P, and Cook, G T, 2017 Should archaeologists care about 14C intercomparisons? Why? A summary report on SIRI, Radiocarbon, 59, pp. 1589-96

Stuiver, M, and Reimer, P J, 1993 Extended 14C data base and revised CALIB 3.0 14C age calibration program, Radiocarbon, 35, pp. 215-30

Waterbolk, H T, 1971 Working with radiocarbon dates, Proceedings Prehistoric Society, 37, pp. 15-33

Whittle, A, Barclay, A, Bayliss, A, McFadgen, L, Schulting, R, and Wysocki, M, 2007 Building for the dead: events, processes and changing worldviews from the 38th to the 34th centuries cal BC in southern Britain, Cambridge Archaeological Journal, 17 (Supplement S1), pp. 123-47

Whittle, A, Healy, F, and Bayliss, A, 2011 Gathering time: dating the early Neolithic enclosures of southern Britain and Ireland, Oxford (Oxbow)

補　　遺

坂　本　　　稔

　ベイズの定理はイギリス人の牧師ベイズによって18世紀に見出され，フランス人の数学者ラプラスによって体系化された。その内容はベイリス論文の図2にあり，ある事象を「事前の信念」すなわちある前提のもとで起こったと考え，その確率を改訂するものである。この式はいわゆる「条件付き確率」（ある条件のもとで起こる確率）を書き直したものであるが，決定的に異なるのが，「事前の信念」は文字通り「信念」であって，具体的な数値とは限らないという点である。たとえば，遺跡から発掘された遺物がいつのものか，本来はわからない。その遺跡が（何らかの方法で）縄文後期のものと認識されていれば，その遺跡から出土した遺物は縄文後期のものと考えるのが自然であろう。ただし，これも一種の「信念」で，可能性を具体的な数値で記述することはできないし，その考えが正しいという保証もない。

　年代測定において，ある事象が前提条件なしに起こったのであれば，その確率計算は容易で，確率の最も高いところが尤(もっと)もらしいということもできる。ところが，実際には前提条件のあることがほとんどで，しかもそれは「信念」や

「経験」といった，曖昧にしか定義できないことが多い。ベイズ統計学はその「事前の信念」をモデルに組み込み，いわば強引に確率計算を行う（マルコフ連鎖モンテカルロ法はその計算方法の一例）。その結果が「事後の信念」と呼ばれるのは，それを元にしたモデルを再構築し，改めて計算を行うからである（ベイリス論文の図4を参照）。モデルが真のものに近づけば，やがて少々のことでは計算結果が変わらなくなる。これが，そのモデルが頑強（robust：ロバスト）になった状態である。ベイズ統計学はロバストなモデルを構築することが目的であり，それが尤もらしいものとなる。いつまでもロバストにならないとすれば，モデルが十分でないか，放射性炭素年代法であればその測定結果（データ）に不具合があるか，あるいは「信念」に誤りがあるかである。

イギリス・オックスフォード大のC. Bronk Ramseyの開発した「OxCal」は，ベイズ統計の考え方を盛り込んだ較正年代計算プログラムとして広く利用されている。ベイリス論文の図1はベイズ統計の考え方を用いず，1つ1つの放射性炭素年代がそのまま較正されている。そこに「信念」はなく，どの年代の試料であれば測定された放射性炭素年代が得られるかを示すだけである。遺物が何の情報も持たずただ1点のみ測定されたとすれば，この方法を取らざるを得ない。ところが，遺跡1では18点もの放射性炭素年代が得られている。それらが遺跡の存続期間中のものであるという「信念」をもとに計算されたのがベイリス論文の図3である。すなわち，遺跡1から18点の遺物が得られ（一連の試料をSequenseと定義），いずれも遺跡の存続期間中のもので（前後をBoundaryで挟む），ただし18点の前後関係はわからない（同じPhase）とし，OxCalでロバストなモデルを構築する。実際には仮に紀元前2000年から紀元前1800年の試料とした場合のシミュレーションであるが，遺跡1の発生（Boundary start Site 1）と終息（Boundary end Site 1）はそれらの年代と合致していることがわかる。また，それぞれの試料の較正年代が白塗りから黒塗りへと絞り込まれている。計算ではBoundaryに2000BCや1800BCといった具体的な数値を入力したのではなく，単に「Boundary」と定義しただけである。もし18点の試料に先後関係が認められ（時期が重なっていても構わない），あるいは遺跡2との関係を示す「信念」があれば，また違ったモデルが構築でき，より絞り込まれた年代を得ることができるかも知れない。遺跡の層序をダイヤ

グラム化して新旧関係を把握する，ハリス・マトリックスという方法はその一助となる。

　ベイズ編年モデリングは，構築されたモデルのもとで試料の較正年代，あるいは試料群や遺跡の存続期間を得る優れた方法である。樹木年輪の較正年代を高精度に得る炭素14-ウィグルマッチ法も，本来はこの方法に則るべきである。ただ，モデルの妥当性を「ロバストである」ことに頼らざるを得ないのが，ベイズ統計の弱点ともいえる。ベイリス論文でも最後に指摘されているように，何よりも単なる「数」を統計学的にいじり回すことが目的であってはならない。最終的には，得られた結果で考古学をどのように記述するかが求められている。

第2部
時代の枠組みと文化をとらえなおす

後期旧石器時代から縄文時代への移行期の再検討

工藤雄一郎

Ⅰ 歴博リニューアル展示「大テーマ1 最終氷期に生きた人々」と時代区分

　国立歴史民俗博物館（以下，歴博）の展示には，貴重な国民的財産である文化財の保存・活用を主要な目的とした他の国立博物館と大きく異なる点がある。それは展示において，日本列島で暮らした過去の人々の「生活史」を示すことを最重要視していることであり，その姿を視覚的に理解しやすく展示することを目指しているという点である。そして，その生活史の背景となった「環境史」を描き出すことも主要なテーマの1つである。

　日本列島の後期旧石器時代は，地質学的には「後期更新世」，氷期—間氷期変動でみると「最終氷期」に相当する。約11万年前から約1万1650年前までは寒冷な気候が卓越する「最終氷期」であり，この時期には寒冷化が進行しグリーンランド，北米大陸，北ヨーロッパ，南極などに巨大な氷床が形成された。これによって海水準が大きく低下して陸地が広がった。北海道は大陸と陸続きになり（古サハリン—北海道半島），本州・四国・九州は1つの島になった（古本州島）。北海道と本州は陸としては繋がっていなかった（最終氷期最寒冷期には一時的に氷橋ができる時期があった可能性がある）。約1万5000年前から気候は急激に温暖化し，寒冷化と温暖化を交互に繰り返しながら，約1万1650年前には現在と類似した温暖な気候の時期である「後氷期」へと変化していった。この氷期から後氷期への移行期には，世界中で気候や植生，動物相，人の活動が大きく変化した。我々が暮らしている現在は，一番新しい「間氷期」なのである。

　日本列島の旧石器時代はホモ・サピエンスの日本列島の到達とともに始ま

り，その年代は約3万7000年前頃である〔工藤 2012〕。したがって，日本列島の後期旧石器時代人は，現在とは全く異なる環境の時代に住んでいた人々ということになる。とすれば，遺跡出土資料から後期旧石器時代人の生活を考える上で，当時の気候や植生，動物相などを十分に理解しておくことは必要不可欠である〔工藤 2012〕。

一方，最近20年の研究のもっとも大きな成果の1つは，縄文時代草創期は

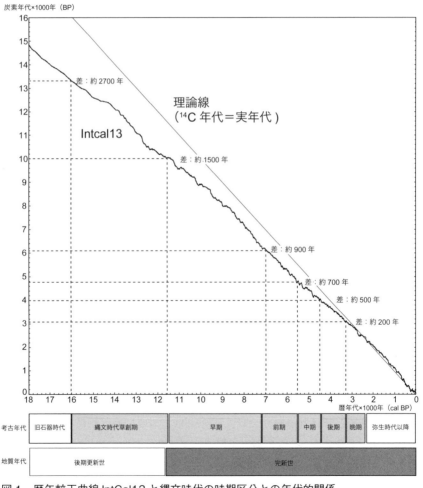

図1　暦年較正曲線 IntCal13 と縄文時代の時期区分との年代的関係

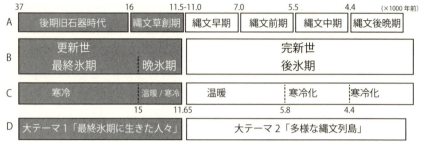

図2 リニューアル展示の大テーマ区分との古環境との対応関係

後氷期ではなく，中心は最終氷期末の晩氷期にあり，また最古段階の土器の年代は，晩氷期の気候温暖化の開始時期（約1万5000年前）を遡り，最終氷期から続く寒冷気候が卓越する1万6000年前頃になることがわかってきたことである〔谷口・川口 2001〕。一般的に，縄文時代の始まりは土器の出現によって定義されている〔小林 1981〕。1990年代までは「最終氷期＝旧石器時代」，「後氷期＝縄文時代」と考えられてきた。しかしながら，高精度放射性炭素年代測定と暦年較正曲線の整備により，日本列島の後期旧石器時代（約3万7000〜1万6000年前）と縄文時代草創期（約1万6000〜1万1000年前）は，ほぼそのすべてが最終氷期に含まれることが明らかになったのである。

　縄文時代の始まりの頃の放射性炭素年代は，実際の暦の年代と極めて大きなズレがあった。暦年較正曲線の整備によって，より正確な時間の流れを捉えることができるようになった。図1は最新の較正曲線である IntCal13〔Reimer et al. 2013〕である。放射性炭素年代と暦年とのギャップは，縄文時代晩期の始まり頃では約200年程度だが，縄文時代後期の始まりで約500年，縄文時代中期の始まり頃で約700年，縄文時代前期の始まり頃で約1000年，縄文時代早期の始まり頃で約1500年，縄文時代草創期の始まり頃で約2700年に達する。

　また，グリーンランド氷床コアや湖沼年縞堆積物の研究により，最終氷期末の「晩氷期」と呼ばれる時期には，1万5000年前頃にわずか数十年で年平均気温が9℃上昇するような極めて規模の大きな環境変動があったことがわかってきた。同様の規模の変動は1万1650年前頃にも起こり，気候は温暖かつ安定した後氷期へと突入する。1万5000年前や1万1650年前頃に，日本列島に

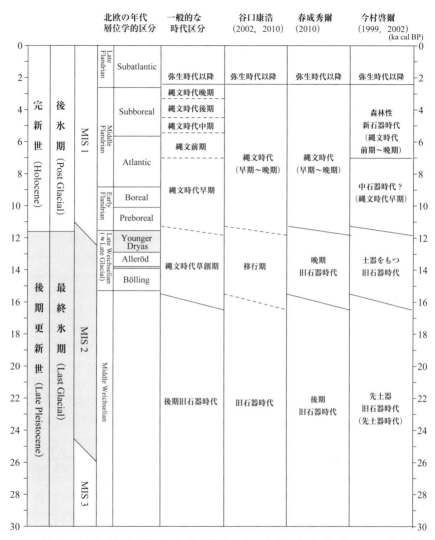

図3　約3万間の地質時代区分と考古学的時代区分との対比〔工藤 2013 を簡略化〕
縄文／弥生の境界年代は関東の遺跡のもの。

おいても同様の気候変動が発生していたことは，長野県野尻湖や福井県水月湖(すいげつこ)などの湖底堆積物の花粉分析結果にも示されている〔Nakagawa et al. 2005，公文ほか 2009〕。「最終氷期に生きた人々」は，現代社会では想像もできないような，激変する環境の時代をたくましく生き抜いてきたのだ。そしてこの晩氷期

の大部分の時間は，縄文時代草創期の時間と一致する。

　晩氷期が終わり，後氷期が始まる1万1650年前頃の環境変動の画期は，約10万年に一度しか起こらない極めて大きな画期なのである。「生活史」と「環境史」を重視する歴博の展示コンセプトにもとづくなら，縄文時代の始まりと，後氷期の始まりの時間的ギャップは明確に区別することが必要不可欠である。そこで，歴博リニューアル展示の総合展示第1展示室先史・古代の「大テーマ1　最終氷期に生きた人々」では，約3万7000年前〜1万1000年前の時間的範囲を扱っており，考古学的な時代区分では後期旧石器時代と縄文時代草創期までを含めているのである（草創期と早期の境は，どの土器型式までを草創期に含めるかで見解にやや相違があるため1万1650年前ではなく，やや長めに時間幅を設定している）。第1展示室のリニューアルにおいて，展示の大テーマ1「最終氷期に生きた人々」と大テーマ2「多様な縄文列島」の区分と，考古学的な時代区分と一致していないのは，このためである（図2）。このような展示は日本で初めての試みであろう。

　図3は，その根拠となった，地質・古環境・時代区分・主要遺跡の年代の対応関係をまとめたものである（詳細については〔工藤2013〕を参照されたい）。以下に，この背景となった縄文時代の始まりの年代観の変化について，簡単にまとめておきたい。

II　1990年代までの年代観

　戦後の考古学研究において長い間，縄文時代の始まりの年代の根拠となってきたのは，1950〜60年代に夏島貝塚，長崎県福井洞窟，愛媛県上黒岩岩陰などで行われた放射性炭素年代測定結果であった（表1）。また，図4は，縄文時代の始まりをめぐる年代観・古環境観について，これまでの主要な考古学者の考え方の変遷を図化して整理したものである〔工藤2013〕。1959年に発表された夏島貝塚の撚糸文土器包含層の炭化材は9240 ± 500 ^{14}C BP（BP＝西暦1950年から遡った年代を示す）であり，世界に衝撃を与える古さであった。そして1966年に発表された愛媛県上黒岩岩陰の9層出土隆起線文土器包含層の12165 ± 600 ^{14}C BPという年代，細石刃石器群と隆起線文土器が伴った福井洞窟3層の12700 ± 500 ^{14}C BPという年代，細石刃石器群と爪形文土器が伴った福井洞

表1　1960年代から90年代まで縄文時代の始まりの基準とされてきた主要な遺跡の放射性炭素年代測定例

都道府県	遺跡名	試料採取位置	¹⁴C BP	(±1σ)	機関番号	試料	編年的指標	文献
神奈川	夏島貝塚	夏島Ⅱ文化層	9240	500	M-770 (771)	炭化材	撚糸文土器 (夏島Ⅱ式)	杉原1959
愛媛	上黒岩岩陰	6層	10085	320	I-943	炭化材	無文土器	渡辺1966
		9層	12165	600	I-944	炭化材	隆起線文土器	渡辺1966
長崎	福井洞窟	2層	12400	350	Gak-949	炭化材	爪形文土器, 細石刃	芹沢1967
		3層	12700	500	Gak-950	炭化材	隆起線文土器, 細石刃	芹沢1967
新潟	荒屋		13200	350	GaK-948	炭化材	細石刃	芹沢1967

窟2層の12400±350 ¹⁴C BPなどの年代が明らかにされ，撚糸文土器以前の土器を「原土器時代」や「晩期旧石器時代もしくは中石器時代」として，縄文時代から切り離す考え方が登場したり，「縄文時代の始まり：1万年前」説，あるいは「1万2000年前」説の根拠となっていったのである。

　もちろん当時は，前述したような放射性炭素年代と暦の年代との時間的ギャップ（図1）の問題は考古学界ではほとんど認識されておらず，放射性炭素年代が12165±600 ¹⁴C BPであれば，これをそのまま「約1万2000年前」と置き換えて理解していたのである。こうした年代測定例が基礎となり，縄文時代の始まりについては，1960年代から1990年代までは，今から1万年前あるいは1万2000年前という年代観が定着していた（また，多くの考古学者は1万年前でも1万2000年前でも，たいした違いはないと考えていたと思われる）。

　ところで，旧石器時代と縄文時代という2つの時代は，「旧石器時代にはなかった新しい道具の出現」を基準として区分している。土器や弓矢，土偶などの新しい道具の出現は，縄文時代の始まりを捉えるうえで非常に重要な出来事であることは間違いない。かつては1万2000～1万年前に起こったと考えられてきた最終氷期から後氷期への移行とともに日本列島の動植物相が大きく変化し，旧石器時代人が新しい環境に適応していく中で土器や弓矢など様々な新たな道具を発明し，縄文時代が始まっていくと考古学者は考えていた。これは「後氷期適応論」〔岡本1962〕あるいは「後氷期技術革新論」〔近藤1965など〕

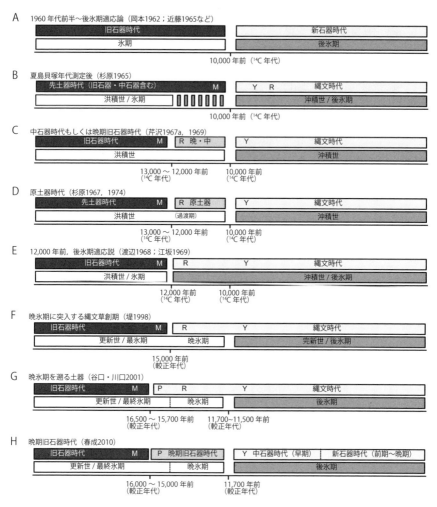

図4　時代区分とその年代観・地質時代観の変遷〔工藤 2013 を簡略化〕

という考え方が土台となっている（図4のA）。

　日本考古学では,「土器の出現」をもっとも重視し, その出現をもって縄文時代の始まりと定義することが一般的である。小林達雄は, 土器使用の効果とは, 食物の煮炊きによってもたらされた効果であると指摘し, 利用される食料の種類が増えたこと, 特に植物質の食料資源の開発が進んだことによる食料事

情の安定化を重視した。そして，土器の出現こそが縄文時代開幕の原点としてもっとも重要だと定義した〔小林1982〕。1960年代に活発化した「後氷期適応論」や「後氷期技術革新論」を基礎として，煮炊きの土器が出現したことの歴史的意義を重視する時代区分の枠組みには，説得力があった。

III 1990年代末頃からの年代観

　1990年代頃まではこのような年代観および時代区分が主流だったが，これが大きく変わるきっかけとなったのが，青森県大平山元I遺跡（おおだいやまもと）の調査である〔谷口編1999〕。1998年に発掘調査が行われた大平山元I遺跡では，編年的に最古段階と考えられていた無文土器と，旧石器時代的な特徴を持つ石刃製の石器群が発掘された。この土器に付着した炭化物の放射性炭素年代測定が名古屋大学の加速器質量分析計で行われ，未較正の放射性炭素年代で1万3000〜1万2000年代の年代が得られた。これは，北東北の縄文時代草創期の土器編年，火山灰層位学的編年から見ても妥当な数値であった（図5）〔谷口・川口2001〕。また，当時最新の暦年較正曲線（IntCal98）でこれらの年代の較正が行われた結果，土器の年代はもっとも古く見積もって1万6000年前を遡る可能性があることわかった（図6）。ただし，当時のIntCal98は約1万2000年前以前の年代域の較正にサンゴのウラン―トリウム年代のデータセットを主に使用していたが，特に1万4000年前以前は較正のためのデータが限られており，大平山元I遺跡の年代の時期は較正曲線の誤差の幅が極めて大きかった。あくまでも参考的な暦年較正結果であった。

　しかしながら，この大平山元1遺跡の土器の年代は当時世界最古の土器の年代でもあったことから，学界のみならず社会的にも大きな注目を集めた。また，これまでは土器が出現した頃はすでに温暖であり，縄文時代的な豊かな森林資源を利用するために土器が発明されたと考えられてきた。これに対し，最古の土器が使われた頃の北東北はまだ最終氷期から続く寒冷な針葉樹中心の環境が広がっており，堅果類（けんか）が多く実るような縄文的な環境ではなかったと推定されたためである〔谷口・川口2001〕。1万6000年前まで土器の年代が遡ったことは，土器出現の歴史的意義の再考を促すきっかけともなった。年代的にも古く遡り，内容的にもその後の縄文時代の文化と異なる特徴を持つ縄文時代草

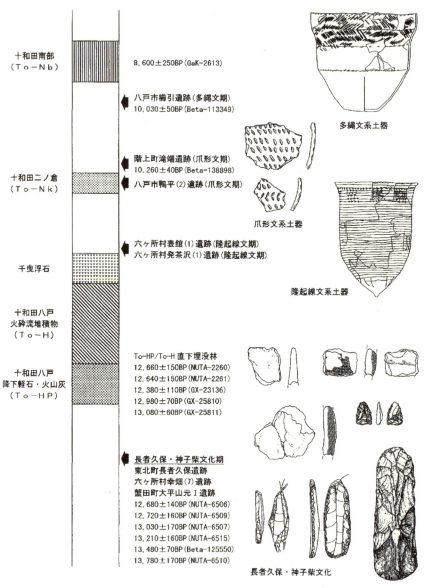

図5 北東北における十和田起源の火山灰と考古遺跡の層位的関係〔谷口・川口 2001〕
　図中の年代は，未較正の放射性炭素年代である。

振替払込請求書兼受領証

口座記号番号	00100-5-244	通常払込料金加入者負担
加入者名	株式会社 吉川弘文館	
金額		
ご依頼人	様	
料金		
備考		

※この受領証は、大切に保管してください。

記載事項を訂正した場合は、その箇所に訂正印を押してください。

切り取らないでお出しください。

払込取扱票

通常払込料金加入者負担

口座記号番号	加入者名	金額	備考
02 東京 00100-5 244	株式会社 吉川弘文館		

ご依頼人	フリガナ / お名前 / 郵便番号 / ご住所 / 電話

◆「本郷」購読を希望します

購読開始 ___ 号 より

1年(6冊) 1000円　3年(18冊) 2800円
2年(12冊) 2000円　4年(24冊) 3600円
(ご希望の購読期間に○印をお付け下さい)

日附印

各票の※印欄は、ご依頼人において記載してください。

裏面の注意事項をお読みください。(ゆうちょ銀行)(承認番号東第53889号)
これより下部には何も記入しないでください。

（ご注意）

・この用紙は、機械で処理しますので、金額を記入する際は、枠内にはっきりと記入してください。また、本票を汚したり、折り曲げたりしないでください。
・この用紙は、ゆうちょ銀行又は郵便局の払込機能付きATMでもご利用いただけます。
・この払込書を、ゆうちょ銀行又は郵便局の渉外員にお預けになるときは、引換えに預り証を必ずお受け取りください。
・ご依頼人様からご提出いただきました払込書に記載されたおところ、おなまえ等は、加入者様に通知されます。
・この受領証は、払込みの証拠となるものですから大切に保管してください。

収入印紙
課税相当額以上
貼付
㊞

この用紙で「本郷」年間購読のお申し込みができます。

◆この申込票に必要事項をご記入の上、記載金額を添えて郵便局でお払込み下さい。

◆「本郷」のご送金は、4年分までできさせて頂きます。
※送金後のご都合で解約される場合は、ご返金いたしかねます。ご了承下さい。

この用紙で書籍のご注文ができます。

◆この申込票の通信欄にご注文の書籍をご記入の上、書籍代金（本体価格＋消費税）に荷造送料を加えた金額をお払込み下さい。
◆荷造送料は、ご注文1回の配送につき420円です。
◆入金確認まで約7日かかります。ご諒承下さい。

振替払込料は弊社が負担いたしますので、予めご諒承下さい。
※領収証は改めてお送りいたしませんので、予めご諒承下さい。

お問い合わせ　〒113-0033・東京都文京区本郷7-2-8
　　　　　　　吉川弘文館 営業部
　　　　　　　電話03-3813-9151　FAX03-3812-3544

この場所には、何も記載しないでください。

郵便はがき

１１３-８７９０

料金受取人払郵便

本郷局承認

3108

差出有効期間
2021年1月
31日まで

東京都文京区本郷７丁目２番８号

吉川弘文館 行

|||||||||||||||||||||||||||

愛読者カード

本書をお買い上げいただきまして、まことにありがとうございました。このハガキを、小社へのご意見またはご注文にご利用下さい。

お買上 **書名**

＊本書に関するご感想、ご批判をお聞かせ下さい。

＊出版を希望するテーマ・執筆者名をお聞かせ下さい。

お買上書店名　　　　　区市町　　　　　　　　　　　　　書店

◆新刊情報はホームページで　http://www.yoshikawa-k.co.jp/
◆ご注文、ご意見については　E-mail:sales@yoshikawa-k.co.jp

ふりがな ご氏名		年齢　　歳　　男・女	
〒 □□□-□□□□	電話		
ご住所			
ご職業		所属学会等	
ご購読 新聞名		ご購読 雑誌名	

今後、吉川弘文館の「新刊案内」等をお送りいたします(年に数回を予定)。
ご承諾いただける方は右の□の中に✓をご記入ください。　□

注 文 書

月　　　日

書　　　　名	定　価	部　数
	円	部
	円	部
	円	部
	円	部
	円	部

配本は、○印を付けた方法にして下さい。

イ. 下記書店へ配本して下さい。
(直接書店にお渡し下さい)

―(書店・取次帖合印)――――――――

書店様へ＝書店帖合印を捺印下さい。

ロ. 直接送本して下さい。

代金(書籍代＋送料・手数料)は、お届けの際に現品と引換えにお支払下さい。送料・手数料は、書籍代計1,500円未満530円、1,500円以上230円です(いずれも税込)。

＊お急ぎのご注文には電話、FAXもご利用ください。
電話 03－3813－9151(代)
FAX 03－3812－3544

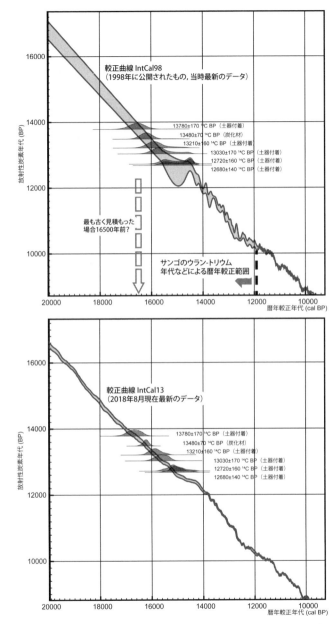

図6 大平山元Ⅰ遺跡の放射性炭素年代とIntCal98〔Stuiver et al., 1998〕およびIntCal13〔Reimer et al., 2013〕による暦年較正年代

創期を，縄文時代から切り離して「移行期」とし，縄文時代は早期が始まる約1万1000年前頃からとする意見も谷口康浩によって提示されている〔谷口2002, 2010〕（図2参照）。大平山元I遺跡の研究成果が画期となり，その後2000年代からは縄文時代草創期の土器付着炭化物の年代測定の研究が活発に行われるようになり，測定例が飛躍的に増加した〔小林2007など〕。

IV　福井洞窟の再発掘と年代測定研究の成果

一方，九州で最古段階の土器を出土していた長崎県福井洞窟において，近年，今後の研究において画期となる大きな成果が得られた。2011～2015年に福井洞窟の史跡整備に伴う再発掘調査が行われ，60点もの放射性炭素年代測定が新たに行われた結果，九州北部における土器出現の年代が非常に明確になってきたのである〔佐世保市教育委員会編2016〕。筆者もこのうちの23点の試料の年代測定を行っている〔工藤2016a, 2016b〕。

福井洞窟では後期旧石器時代の細石刃石器群から土器が伴う縄文時代草創期まで，層序によって編年を細かく区分することが可能であり，最下部の15層から4層までが後期旧石器時代であり，4層は土器を伴わず，船野型の細石刃石器群が出土する。また，3層より上位では福井型の細石刃石器群に伴い，隆起線文土器や爪形文土器が出土する（図7）。福井洞窟で土器を伴う3層の最下部にあたる3c層では，6点の放射性炭素年代測定値が得られた。3c層の年代は13400～13120 ^{14}C BPであり，大平山元I遺跡に匹敵する古さである。福井洞窟が重要な点は，土器を伴わない4層の年代も確定しており，13530～13370 ^{14}C BPの4点の放射性炭素年代が得られている。福井洞窟における土器の出現は，4層よりも新しいことは確実であり，3c層の年代は4層よりもわずかに新しく，時間差はほどんとないことがわかった。この成果は最近20年の土器出現の研究の中でももっとも重要な成果の1つと言えるだろう。

V　列島最古の土器群の年代的対比

現在のところ，大平山元I遺跡や福井洞窟をはじめとして，最古段階の土器を伴い，放射性炭素年代で約13000 ^{14}C BP（較正年代で約1万6000年前頃）の年代測定例が得られている遺跡はいくつかある。その測定例をまとめたのが表

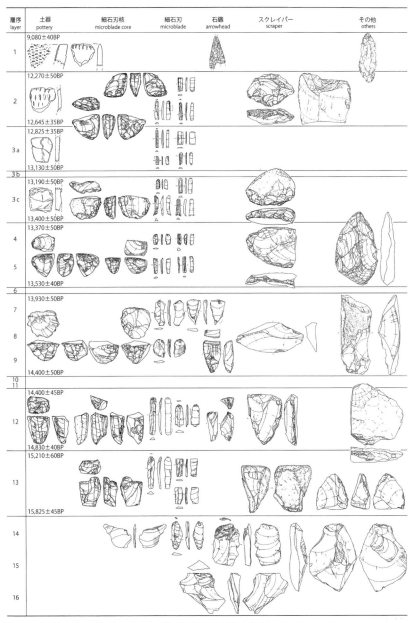

図7 福井洞窟の各層の遺物組成図と放射性炭素年代
図中の年代は，未較正の放射性炭素年代である。

表2　約13000 ^{14}C BP まで遡る年代を示す遺跡の放射性炭素年代測定と暦

都道府県	遺跡名	試料採取位置	^{14}C BP(1σ)		δ ^{13}C
北海道	大正3遺跡	爪形文土器（内面）	12400	40	－23.5
		爪形文土器（内面）	12220	40	－24.0
		爪形文土器（内面）	12350	40	－23.7
		爪形文土器（内面）	12460	40	－22.6
		爪形文土器（内面）	12210	40	－23.4
		爪形文土器（内面）	12130	40	－23.3
		爪形文土器（内面）	12290	60	－21.6
		爪形文土器（内面）	12330	70	－23.2
		爪形文土器（内面）	12120	60	－22.1
		爪形文土器（内面）	12470	60	－21.7
		爪形文土器（内面）	12160	60	－22.5
青森	大平山元Ⅰ	無文土器	13210	160	―
		無文土器	13030	170	－30.5
		無文土器	12720	160	―
		無文土器	12680	140	－29.6
		無文土器	13780	170	―
		第Ⅲ層	13480	70	－26.1
東京	御殿山遺跡	隆起線文土器	13560	40	－22.6
		Ⅱc層	13200	70	（－25.5）
神奈川	宮ヶ瀬北原	第Ⅰ文化層，礫群2	13060	80	－25.4
		第Ⅰ文化層，礫群3	13050	80	－23.4
		第Ⅰ文化層，礫群5・6	13060	100	－31.9
		第Ⅰ文化層，礫群5・6	13020	80	－25.9
		第Ⅰ文化層，礫群5・6	13050	80	－25.7
長崎	福井洞窟	北壁3c層2054	13190	50	（－25.65±0.55）
		北壁3c層1359	13120	40	（－32.85±0.20）
		北壁3c層2308	13240	50	（－29.31±0.43）
		北壁3c層1547	13290	50	（－29.16±0.36）
		南壁3c層1580	13310	40	（－24.18±0.21）
		南壁3c層1424	13400	50	（－24.46±0.40）

北海道の大正3遺跡は本州島の土器より大幅に新しいが比較のために示した。

2である。また，暦年較正プログラム OxCal4.3〔Bronk Ramsey 2001〕を使用し，現在最新の較正曲線である IntCal13〔Reimer et al. 2013〕を用いて暦年較正し，プロットしたのが図8である。

年較正年代結果一覧（Intcal13 による）

機関番号	cal BP(2σ) from	cal BP(2σ) to	試料	編年的指標	文献
Beta-194626	14780	14170	土器付着炭化物	爪形文土器	帯広市教育委員会 2000
Beta-194627	14260	13980	土器付着炭化物	爪形文土器	帯広市教育委員会 2000
Beta-194628	14675	14120	土器付着炭化物	爪形文土器	帯広市教育委員会 2000
Beta-194629	14960	14265	土器付着炭化物	爪形文土器	帯広市教育委員会 2000
Beta-194630	14240	13970	土器付着炭化物	爪形文土器	帯広市教育委員会 2000
Beta-194631	14140	13830	土器付着炭化物	爪形文土器	帯広市教育委員会 2000
IAAA-41603	14630	14025	土器付着炭化物	爪形文土器	帯広市教育委員会 2000
IAAA-41604	14745	14060	土器付着炭化物	爪形文土器	帯広市教育委員会 2000
IAAA-41605	14145	13780	土器付着炭化物	爪形文土器	帯広市教育委員会 2000
IAAA-41606	15025	14250	土器付着炭化物	爪形文土器	帯広市教育委員会 2000
IAAA-41607	14210	13815	土器付着炭化物	爪形文土器	帯広市教育委員会 2000
NUTA-6515	16295	15330	土器付着炭化物	無文土器	谷口編 1999
NUTA-6507	16105	15130	土器付着炭化物	無文土器	谷口編 1999
NUTA-6509	15685	14360	土器付着炭化物	無文土器	谷口編 1999
NUTA-6506	15565	14345	土器付着炭化物	無文土器	谷口編 1999
NUTA-6510	17195	16170	土器付着炭化物	無文土器	谷口編 1999
Beta-125550	16500	15995	炭化材	無文土器	谷口編 1999
Beta-196087	16540	16160	土器付着炭化物	隆起線文土器	加藤建設 2004
MTC-05108	16105	15630	炭化材	隆起線文土器	加藤建設 2004
Beta-105398	15925	15325	炭化材	無文土器	かながわ考古学財団 1998
Beta-105400	15910	15310	炭化材	無文土器	かながわ考古学財団 1998
Beta-105401	15975	15295	炭化材	無文土器	かながわ考古学財団 1998
Beta-105402	15860	15285	炭化材	無文土器	かながわ考古学財団 1998
Beta-105403	15910	15310	炭化材	無文土器	かながわ考古学財団 1998
IAAA-123719	16050	15670	炭化材	隆起線文土器	佐世保市教育委員会 2016
PLD-25708	15970	15560	炭化材	隆起線文土器	佐世保市教育委員会 2016
IAAA-123721	16105	15730	炭化材	隆起線文土器	佐世保市教育委員会 2016
IAAA-120592	16175	15775	炭化材	隆起線文土器	佐世保市教育委員会 2016
PLD-21103	16190	15820	炭化材	隆起線文土器	佐世保市教育委員会 2016
IAAA-123720	16300	15920	炭化材	隆起線文土器	佐世保市教育委員会 2016

　本州島最古の年代は，大平山元Ⅰ遺跡の 13780 ± 170 ^{14}C BP で，これを暦年にすると 17195～16170 cal BP となるが，6点の年代測定結果が大きくばらついており，このもっとも古く突出した年代を採用することは難しいだろう。一

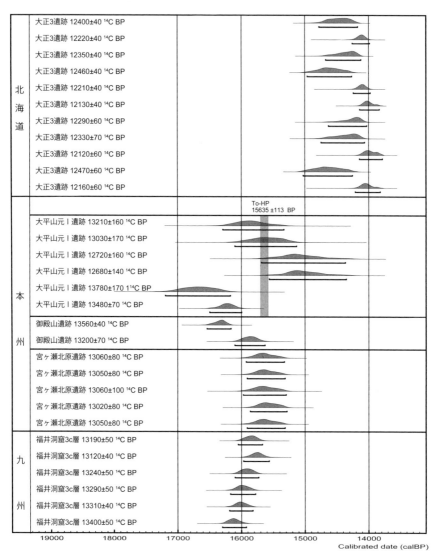

図8 約13000 ^{14}C BPまで遡る年代を示す遺跡の暦年較正年代(Intcal13による)
北海道の大正3遺跡は大幅に新しいが比較のために示した。

方,大平山元Ⅰ遺跡と編年的にほぼ同時期と推定される長者久保遺跡では土器が伴っていないが,約1万6000〜1万5000年前頃に十和田火山が大噴火した際に降灰した,十和田八戸火山灰(To-HP)より下位から石器群が出土してお

り，大平山元Ⅰ遺跡も十和田八戸火山灰よりも古いと考えられている。十和田八戸火山灰を噴出した噴火は，最近のグリーンランド氷床コアでの研究により，15635±113年前と推定されており〔Bourne et al. 2016〕，1万5600年前頃に降下した火山灰であると考えてよいだろう。したがって，大平山元Ⅰ遺跡の12720±160 ^{14}C BP（15685～14360 cal BP），12680±140 ^{14}C BP（15565～14345 cal BP）は十和田八戸火山灰の年代よりも新しくなる。残りの13210±160 ^{14}C BP（16295～15330 cal BP），13030±170 ^{14}C BP（16105～15130 cal BP），13480±70 ^{14}C BP（16500～15995 cal BP）が，大平山元Ⅰ遺跡の年代により近いと考えるのが妥当だろうか。その場合は，較正年代で約1万6000年前頃と考えるのがよいだろうか。

　一方，関東では無文土器と槍先形尖頭器が伴う神奈川県宮ヶ瀬遺跡群北原遺跡の測定例と，隆起線文土器が出土している東京都の御殿山遺跡の測定例がある。北原遺跡の年代はよくまとまっており，15600 cal BP頃を中心としている。御殿山遺跡は土器付着炭化物の年代と炭化材の年代がやや離れており，これも評価が難しい。土器付着炭化物は海洋リザーバー効果の影響を受けている可能性も考慮に入れた場合，炭化材の13200±70 ^{14}C BP（16105～15630 cal BP）のほうが御殿山遺跡の正確な年代を反映しているとみたほうが良いだろうか。この場合，較正年代で1万5900年前頃を中心としている。今後，この時期の石器群・土器群の年代測定例の蓄積が必要であるが，本州島最古段階の土器は，1万6000年前頃になる可能性が高いとみておきたい。

　これに対し，前述した福井洞窟の例では，4層と3c層とで年代測定結果が得られており，その境界すなわち土器出現の年代が非常に明確である。3c層の年代は1万6000年前頃とみてほぼ間違いないだろう。福井洞窟における土器の出現は細石刃石器群に伴うものであり，東日本とは異なる文化的背景のなかで土器が使用され始めている。本州島の場合，関東では神子柴・長者久保系石器群に無文土器を伴う遺跡だけでなく，神奈川県勝坂遺跡第45次や神奈川県寺尾遺跡のように細石刃石器群と土器が伴う遺跡もある。後者はまだ年代測定された例がなく，宮ヶ瀬遺跡群北原遺跡や御殿山遺跡と，実際にどの程度の年代差があるのかが（古いのか，新しいのか）不明である。

　本州島の最古段階の土器の年代は，九州の福井洞窟ほど明確には定まってい

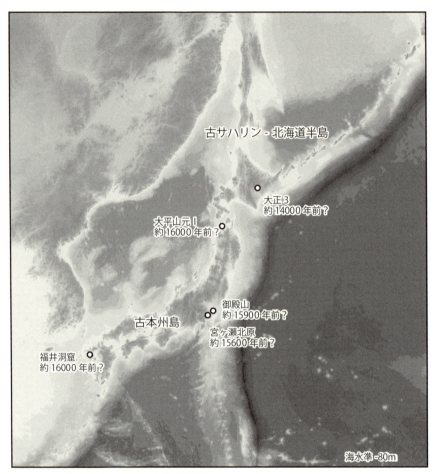

図9 列島最古段階の土器の年代を示す遺跡の分布
　地図の海水準は−80m。遺跡の年代は，複数の較正年代の平均的な値を示したもので，あくまで参考値である。詳細は表2を参照。

ない。しかし，その年代は両者ともにおおよそ約1万6000年前頃であることが判明してきた（図9）。土器は日本列島で多元的に出現したのか，あるいはどこかから列島各地に一気に拡散したのだろうか。列島の南北でほぼ同時期の年代が得られている点を考慮していく必要があるだろう。この後さらなる年代学的な調査が必要である。

　なお，北海道における最古の土器は，大正3遺跡の爪形文土器である。これ

については後述するように水産資源を煮炊きしたことが指摘されており〔Craig et al. 2013〕。海洋リザーバー効果の影響を受けて年代が若干古く出ている可能性があるが，それでも中心は1万4000年前頃であり，本州や九州の土器の年代よりも大幅に新しい。北海道では土器の出現は遅れ，本州最北端で展開した隆起線文土器および爪形文土器の影響を受けて出現したものとみておくのが良いだろう。

Ⅵ　土器出現の歴史的意義の再検討

　大平山元Ⅰ遺跡の研究成果は旧石器時代～縄文時代移行期の研究において1つの重要なターニングポイントになった。そして，後期旧石器時代と縄文時代の区分について，極めて重要な問題を提起した。一方，大平山元Ⅰ遺跡の成果から18年経過した今，土器付着炭化物を用いた新たな研究が進みつつある。

　日本列島での土器出現に時代区分の画期としての歴史的意義を与えるとするならば，旧石器時代には利用されず，土器出現以降に利用されるようになった食料とはいったい何なのか。出現当初の縄文時代草創期の土器は「なにをどのように煮炊きするための道具だったのか」という点をより具体化し，列島内での土器利用の地域差などを検討していくことは，極めて重要な研究課題である〔工藤 2015〕。このためには後期旧石器時代後半期から縄文時代草創期にかけての遺跡出土動植物遺体の蓄積と，土器内面付着炭化物の分析が必要不可欠である。

　縄文時代草創期の土器内面付着炭化物から煮炊きの内容物を推定する研究は近年特に重要性が高まっている研究分野である。縄文時代草創期の土器の分析例は少ないが，土器の出土点数が増加する隆起線文土器の段階や，南九州の隆帯文土器などで分析が行われ始めている〔吉田 2010，Kunikita et al. 2013，工藤 2015 など〕。

　國木田ら〔Kunikita et al. 2013〕は，大正3遺跡の土器付着炭化物の炭素・窒素安定同位体分析を行い，海産物が煮炊きされた可能性を指摘した。また，オリバー・クレイグらはガスクロマトグラフ質量分析法（GC-MS）により土器付着炭化物中の脂質の分析を行い，北海道大正3遺跡の爪形文土器や鳥浜貝塚の多縄文土器で海産物を含む水産資源が煮炊きされたことを示した（図10）

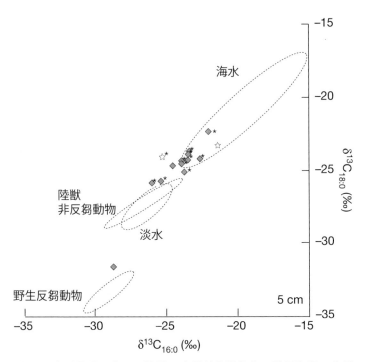

図10　鳥浜貝塚と大正3遺跡の土器付着炭化物の残留脂質の分析
　　〔Craig et al. 2013 を一部改変〕
パルミチン酸（$C_{16:0}$）とステアリン酸（$C_{18:0}$）の炭素安定同位体比（$δ^{13}C$）を示している。鳥浜貝塚◆・大正3遺跡★の両遺跡の土器から検出した脂質に「海水」の領域に含まれる資料があることが示されている。

〔Craig et al. 2013，庄田・クレイグ 2017〕。縄文時代草創期における水産資源の利用は，これまでも遺跡立地や 1982 年に発掘調査された東京都前田耕地遺跡でのサケ下顎骨の出土〔加藤 2002〕などからも議論されており，決して新しい話ではない。しかし，土器の用途の一端として，こうした水産資源の利用が具体的なデータとして明らかになってきた点は重要である。新しい分析方法の開発により，日本列島最古段階の土器でどのような食材が煮炊きされ，それが当時の生業活動においてどのような意味を持っていたのかをより具体的なデータを元に議論できるようになれば，旧石器時代と縄文時代の移行期とその意義を問い直すことが可能となってくるだろう。

　ただし，土器で煮炊きされたすべての食材が炭化物として残るわけではな

く，土器付着炭化物として残りやすい食材，残りにくい食材がある〔吉田 2006〕。脂質分析も同様で，検出しやすいものと，検出しにくいもの，あるいはできないものがある。今後，縄文時代草創期の土器付着炭化物および動植物遺体の分析例を蓄積していくなかで，土器出現の意義を捉え直し，縄文時代の始まりの画期についても今一度検討していくことが必要である。

引用文献

今村啓爾 1999『縄文の実像を求めて』歴史文化ライブラリー 76，吉川弘文館
今村啓爾 2002『縄文の豊かさと限界』日本史リブレット 2，山川出版社
江坂輝弥 1969「縄文文化の出現」『新版考古学講座』第 3 巻　先史文化，pp. 47-61，雄山閣出版
岡本明郎 1962「日本における土器出現の自然的・社会的背景について」『考古学研究』8-4，pp. 10-16
帯広市教育委員会 2006『帯広・大正遺跡群 2』，帯広市埋蔵文化財調査報告第 27 冊，帯広市教育委員会
加藤建設株式会社埋蔵文化財調査部 2004『井の頭遺跡群　武蔵野市　御殿山遺跡第 2 地区 N 地点』，加藤建設株式会社埋蔵文化財調査部
加藤暁生 2002「前田耕地遺跡出土の魚類顎歯について」，東京都教育庁生涯学習部文化課編『前田耕地遺跡―縄文時代草創期資料集―』，pp. 267-268，東京都教育庁
かながわ考古学財団 1998『宮ヶ瀬遺跡群 XIV　北原（No. 10・11 北）遺跡』，かながわ考古学財団
工藤雄一郎 2012『旧石器・縄文時代の環境文化史―高精度放射性炭素年代測定と考古学―』，新泉社
工藤雄一郎 2013「土器出現の年代と古環境―研究史の整理から―」『国立歴史民俗博物館研究報告』178，pp. 1-55
工藤雄一郎 2015「王子山遺跡の炭化植物遺体と南九州の縄文時代草創期土器群の年代」『国立歴史民俗博物館研究報告』196，pp. 5-22
工藤雄一郎 2016a「福井洞窟の ^{14}C 年代測定」，佐世保市教育委員会編『史跡福井洞窟発掘調査報告書』佐世保市文化財調査報告書第 14 集，pp. 217-220，佐世保市教育委員会
工藤雄一郎 2016b「福井洞窟出土土器付着炭化物の分析」，佐世保市教育委員会編

『史跡福井洞窟発掘調査報告書』佐世保市文化財調査報告書第 14 集，pp. 283-284，佐世保市教育委員会
公文富士夫・河合小百合・井内美郎 2009「野尻湖堆積物に基づく中部日本の過去 7.2 万年間の詳細な古気候復元」『旧石器研究』5，pp. 3-10
小林謙一 2007「縄紋時代前半期の実年代」『国立歴史民俗博物館研究報告』137，pp. 89-133
小林達雄 1982「総論」『縄文文化の研究』3 縄文土器 I，雄山閣出版，pp. 3-15
近藤義郎 1965「後氷期における技術的革新の評価について」『考古学研究』12-1，pp. 10-15
佐世保市教育委員会編 2016『史跡福井洞窟発掘調査報告書』，佐世保市教育委員会
庄田慎矢，クレイグ・オリバー 2017「土器残存脂質分析の成果と日本考古学への応用」『日本考古学』43，pp. 79-89
杉原荘介 1959「縄文文化初頭の夏島貝塚の土器」『科学読売』11-9，pp. 17-21
杉原荘介 1965「先土器時代の日本」，同編『日本の考古学』I 先土器時代，pp. 1-25，河出書房
杉原荘介 1967「日本先土器時代の新編年に関する試案」『信濃』19-4，pp. 245-248
杉原荘介 1974『日本先土器時代の研究』講談社
芹沢長介 1967a「日本における旧石器の層位的出土例と ^{14}C 年代」『東北大学日本文化研究所 日本文化研究所研究報告』3，pp. 59-110
芹沢長介 1967b「洞穴遺跡と日本の旧石器」，日本考古学協会洞穴遺跡調査特別委員会編『日本の洞穴遺跡』，pp. 344-349，平凡社
芹沢長介 1969「先縄文文化」『新版考古学講座』第 3 巻 先史文化，pp. 23-46，雄山閣出版
谷口康浩編 1999『大平山元 I 遺跡の考古学調査―旧石器時代の終末と縄文文化の起源に関する問題の探究―』，大平山元 I 遺跡発掘調査団
谷口康浩 2002「縄文早期の始まる頃」『異貌』20，pp. 2-36
谷口康浩 2010「縄文時代の開始―「草創期」再考―」，小杉康・谷口康浩・西田泰民・水之江和同・矢野健一編『縄文時代の考古学 1 縄文文化の輪郭―比較文化論による相対化―』，pp. 79-97，同成社
谷口康浩・川口潤 2001「長者久保・神子柴文化期における土器出現の ^{14}C 年代・較正暦年代」『第四紀研究』40，pp. 485-498
堤隆 1999「晩氷期へと突入する縄文草創期」『考古学ジャーナル』442，pp. 43-44

春成秀爾 2010「研究の成果と課題」『国立歴史民俗博物館研究報告』154, pp. 525-547

吉田邦夫 2006「炭化物の安定同位体分析」『新潟県立歴史博物館研究紀要』7, pp. 65-68, 新潟県立歴史博物館

吉田邦夫 2010「食べたものを明らかにする」, 阿部芳郎編『考古学の挑戦―地中に問いかける歴史学』, pp. 87-119, 岩波ジュニア新書 657, 岩波書店

渡辺直経 1966「縄文および弥生時代の ^{14}C 年代」『第四紀研究』5, pp. 157-168

渡辺誠 1968「日本列島における土器出現の背景をめぐって」『古代文化』20-8・9, pp. 171-177

Bourne, A. J., Abbott, P. M., Albert, P. G., Cook, E., Pearce, N. J. G., Ponomareva, V., Svensson, A., Davies, S. M. 2016. Underestimated risks of recurrent long-range ash dispersal from northern Pacific Arc volcanoes. Scientific Reports, Vol. 6, Article number: 29837.

Bronk Ramsey, C. 2001. Bayesian analysis of radiocarbon dates. Radiocarbon 51-1: pp. 337-360

Craig, O. E., Saul, H., Lucquin, A., Nishida. Y., Taché, K., Clarke, L., Thompson, A., Altoft, D. T., Uchiyama. J., Ajimoto, M., Gibbs, K., Isaksson, S., Heron, C. P., Jordan. P. 2013. Earliest evidence for the use of pottery. Nature 496(7445): pp. 351-354.

Kunikita, D. Shevkomud, I, Yoshida, K., Onuki, S., Yamahara, T. Matsuzaki, H. 2013. Dating Charred Remains on Pottery and Analyzing Food Habits in the Early Neolithic Period in Northeast Asia. Radiocarbon 55(2-3): pp. 1334-1340.

Nakagawa, T., Kitagawa, H., Yasuda, Y., Tarasove, P. E., Gotanda, K., Sawai, Y. 2005. Pollen/event stratigraphy of the varved sediment of Lake Suigetsu, central Japan from 15,701 to 10,217 SG vyr BP (Suigetsu varve years before present): Description, interpretation, and correlation with other regions. Quaternary Science Reviews, 24, pp. 1691-1701.

Reimer P. J., Bard, E., Bayliss, A., Beck, J. W., Blackwell, P. G., Bronk Ramsey, C., Buck, C. E., Cheng, H., Edwards, R. L., Friedrich, M., Grootes, P. M., Guilderson, T. P., Haflidason, H., Hajdas, I, Hatt́, C., Heaton, T. J., Hogg, A. G., Hughen, K. A., Kaiser, K. F., Kromer, B., Manning, S. W., Niu, M., Reimer, R. W., Richards, D. A., Scott, E. M., Southon, J. R., Turney, C. S. M., van der Plicht, J.

2013. IntCal13 and MARINE13 radiocarbon age calibration curves 0-50000 years cal BP. Radiocarbon 55-4: pp. 1869-1887.

Stuiver M., Reimer, P. J. Bard, E. Beck, J. W., Burr, G. S., Hughen, K. A., Kromer, B., McCormac, G., van der Plicht, J., and Spurk, M. 1998. INTCAL98 Radiocarbon Age Calibration, 24000-0 cal BP Radiocarbon, 40, pp. 1041-1083.

『縄文』とは何か
―その枠組み・文化を再考する―

山　田　康　弘

はじめに

　近年、「縄文時代の農耕」や「縄文時代における階層化社会」など、従来の縄文時代・文化の枠組みを超えるような議論が行われるようになってきている。しかし、なぜこのような議論が縄文時代・文化の枠組みを超えることになるのか、その点について疑問を持ち、検討を行った研究は少ない。そこで本稿では、現在における縄文時代・文化の枠組みがどのようにして導かれたのか、まずは研究史的に検討を行うこととし、さらには縄文時代・文化の枠組みの設定方法そのものについても考察を加え、今後縄文時代・文化の研究はどうあるべきか私見を披露したい。

I　戦前における「石器時代」の描かれ方

　現在の日本の歴史を語る際に用いられている縄文時代という言葉は、戦前にはほとんど使用されておらず、もっぱら「石器時代」と呼称されていた。縄文時代という概念の来歴を調べるために、まずは「石器時代」がどのように捉えられていたのか、この点について検証してみよう。

　日本における「石器時代」は、1877年にモースによる大森貝塚の発掘調査によって「発見」された。そして、1891年に刊行された文部省編『高等小学歴史』には、すでに「石器時代」の人々の生活についての記述が行われている〔文部省編 1891〕。

　このように、日本における「石器時代」の存在が明らかとなってから、わずか14年ほど後には、「石器時代」は教科書にも記述されるようになっていた。しかしながら、まだこの時期には、現在の私たちが歴史的時代区分として用い

ている縄文時代や弥生時代といった語は登場していない。では，この縄文時代と弥生時代という言葉は，一体どのようにして生まれてきたのであろうか。

　縄文という言葉が，大森貝塚から出土した土器の特徴として記述されたcord-marked pottery（縄目の文様をつけられた土器）から来ていることは，つとに有名である。一方，初の弥生土器は，1884年に東京都文京区弥生町において発見された。これが弥生の名称の起こりである。この弥生土器が，今日の縄文土器とは異なるものと，とりたてて認識されるようになったのは，1896年の蒔田鎗次郎の「弥生式土器」に関する考察からである〔蒔田1896〕。しかし，縄文土器の文化とは別の文化の所産として注目されるのは，1917年における中山平次郎の金石併用時代の提唱を嚆矢とし〔中山1917〕，1925年に発表された山内清男の論文「石器時代にも稲あり」以降のことである〔山内1925〕。この論文で山内は，宮城県桝形囲遺跡から出土した弥生土器の底部にイネの籾圧痕がついていたことから，弥生式の時期にはすでに稲作が存在したことを主張したのであった。その後，弥生式期における農耕の問題は，森本六爾によって「弥生式文化と原始農業問題」や「低地性遺跡と農業」などの論考を含む『日本原始農業』〔森本編1933〕などを通して整理され，「弥生式文化―Pensee's風に」〔森本1935a〕，『日本農耕文化の起源』〔森本1941〕として体系化されていった。

　そもそも，現在における縄文時代と弥生時代という時代概念は，これまで主として食料獲得方法の違いによる時代区分として捉えられてきた。これは研究史によっても跡付けることができる。たとえば，山内清男が1932年に『ドルメン』誌上に連載した「日本遠古の文化」では，今日の縄文文化を「縄紋式土器の文化」，弥生文化を「弥生式土器の文化」と呼び，この時代を「縄紋式の時代」，「弥生式の時代」と呼んでいる。日本における石器時代を「縄紋式の時代」と「弥生式の時代」を分離するという，研究史的にも画期的な記述である。ただし，山内は「弥生式の時代」を本質的には石器時代の後期として捉えており，「縄紋式」と「弥生式」の違いを食料の採集と生産の差に求める一方で，両者を積極的に時代として独立させるような意向は示していない〔山内1932〕。

　これに対して，森本六爾は1932年に刊行した『考古学年報』の中で，「縄文

式時代」・「弥生式時代」の名称を使用しているが，続く 1935 年の『考古学』においては，「縄文土器系統文化」・「弥生式土器系統文化」・「古墳時代文化」と主に記述している〔森本 1932・1935b〕。やはり，縄文・弥生を時代ということで押し通してはいない。

　また，1936 年に渡部義道や三沢章（和島誠一）らによって執筆された『日本歴史教程』第 1 冊では，石器時代における縄文式文化と弥生式文化の相違を，狩猟・漁撈の採集経済と農業を主とする生産経済の差異として捉えている。その一方で，やはり縄文時代や弥生時代という語は使用されていない〔渡部他 1936〕。この時期，縄文式文化と弥生式文化の差は本質的には生業形態の差であると理解されていたことがわかるとともに，にもかかわらず積極的に両者を時代差として区分するような方向性はなかったと言うことができる。しかしながら，この両者は時期差によるものとして，「<u>食料採集段階</u>→<u>食糧生産段階</u>」という発展段階的な歴史観によって記述が行われていたことには注意すべきであろう。

　戦前においては弥生時代を時代区分の 1 つとして積極的に独立させることは一般的ではなく，むしろ弥生式文化として石器時代の後半に含めるか，もしくは金石併用時代として把握されることが多かったと言える〔濱田 1935，八幡 1953 など〕。当時は「時代」という言葉が，石器時代・金石併用時代などの語に象徴されるように，人類史的・世界史的な区分の文脈で使用されることが多く，縄文式文化や弥生式文化を，「日本固有の時代区分」として認識する意識は希薄であったようだ。

II　一国史としての「縄文時代」の誕生

　では戦後になって，縄文時代のイメージはどのように形成されたのか。戦後の 1947 年に上級生用に編纂された『日本歴史　上』では，以下のように書かれている〔文部省編 1947：1〜3 頁〕。

　　「日本民族は，個人個人の身体的特徴が，単一の人種としては余りに相違が甚だしく，したがって混血による複合民族であるとされている。起源については，風俗・習慣・言語などからみて，大陸起源説・南方起源説，あるいは遠く小アジア・ペルシャ・エジプトなどに求める説などがあるが，

このように一定の地にその起源を求めることは不可能であろう。古く石器時代の昔から居住した人類が日本あるいは海峡を越え，あるいは島嶼と海流に沿って，幾回となく渡来し，しだいに融合化して，独特の体質と，言語・風俗・習慣を有する日本民族となったと考えられる。」

「一般に古代文化の発達は，人類の使用した材料によって石器時代・青銅器時代・鉄器時代の三段階を追うものとされ，石器時代はさらに新旧の二期に分たれる。わが国においては，旧石器時代に人類が居住した痕跡は未だみとめられていない。したがって日本民族の文化は，新石器時代に始まる。この時代の人々は発掘された人骨からみて，現在の日本人とは多少異なるが，ほぼそのもととなった，いわば原日本人ともいうべき人種であるといわれている。その系統は明らかではないが，数千年の久しい間，国土の全域に分布していた。かれらはいろいろの石器を使い，また土器を用いていたが，土器には縄目の文を附けているので，これを縄文式土器と称し，その文化を縄文式文化と呼んでいる。土器の文様や装飾は複雑精巧で，その形状や意匠の多様豊富なことは，彼らがかなりの技術を有していたことを示している。その住居は，簡単な竪穴形が多く，炉を中心とする円形または矩形状に地をやや掘り窪めた上に小屋掛をし，主として台地に営まれ，若干の聚落をなした。その附近には食用に供した貝類の殻などが棄てられて，今日各地に見られる貝塚となった。また，その遺跡からは，彼らの使用した石斧・石匙・石鏃・石棒や，骨角製の釣針・銛，あるいは耳飾・首飾・腕輪などの装身具が発掘される。これらの遺物から，縄文式文化人は，主として狩猟および漁撈を生業とし，野山に野草果実を採取したことが知られる。また女性をあらわした土偶が数多く発掘されるので，女性崇拝が行われ，家庭生活は母を中心として営まれたことが推察される。」

これをみてもわかるように，三時期区分法や新・旧石器時代への言及があるなど，戦後すぐに編纂された教科書としては，先行する『日本歴史教程』等の内容を踏まえており，非常によくできた記述である。加えて，家庭生活が母を中心とするという記述は，原始共同体論において人類社会の初期形態とされた母系社会の存在を意識してのことであろうし，そしてここで縄文式文化という

言葉が出てくることも見逃せない。
　当時，文部省図書監修官として教科書の編纂にあたった丸山国雄は，わが国で最古の遺物遺跡は新石器時代のものであり，これは土器の文様によって縄文式文化と弥生式文化に分けられ，前者が拾集経済時代，後者が縄文式文化とは別系統であり農耕文化時代であると述べている〔丸山1947〕。教科書監修官の意向として，この段階で縄文と弥生を経済の差異によって時代別に分離する考え方が，すでに1947年の段階で明示されているのは興味深い。
　さらに新たな教科書である『日本歴史　上』には，「小国家の分立」として，以下のような記述がある〔文部省編1947：6頁〕。
　　「人類の家庭生活は，初め男性がもっぱら外に出て狩猟や漁撈に従ったため，女性を中心として結合していたといわれる。わが国においても，石器時代の遺物や，後世の伝説などから，かような時代があったことが考えられる。しかるに農業の発展につれて男性中心に移り，家族間の結合は血縁的集団である氏族間の結合にすすみ，有力な氏族の首長がさらにその首長となって小さな国家の形をととのへるにいたった。」
　この文章では，縄文式文化から弥生式文化へという時期的な変化の中に，発展段階的な歴史観が内包されている。先の丸山の発言と合わせて考えたとき，終戦直後の段階から，新しい国史編纂事業の下における縄文式文化と弥生式文化の歴史的な位置付けとその枠組みは，すでに決められていたと言える。そしてこれは，神話から切り離された，当時最も「科学的」な歴史観であった。
　1947年に始まった静岡県登呂遺跡の調査をきっかけとして，弥生式文化の研究はさらに大きく前進することとなる。しかし，1949年に刊行された登呂遺跡の報告書『登呂・前編』では，水田や地質・建築などの記述の一部に「弥生式文化時代」や「弥生式時代」といった語が確認できるものの，基本的には「弥生式土器文化」が使用されていた〔駒井・杉原編1949〕。この時期，弥生時代に類する語は，まだ姿をみせていない。
　ところがその2年後，終戦から6年を経過した1951年には，小林行雄の『日本考古学概説』や改造社刊『考古学辞典』の中において縄文式時代・弥生式時代の言葉が用いられるようになる〔小林1951，酒詰他1951〕。さらに，1954年6月刊行の『私たちの考古学』（後の『考古学研究』）第1号には，考古

学の時代区分として縄文時代・弥生時代の語が表紙見返しの年表に記載されている〔考古学研究会編1954〕。戦後すぐの段階で，従来の縄文式文化と弥生式文化をそれぞれ1つの時代のものとして取り扱う研究動向が出てきたことがわかる。しかしながら，1955年に刊行された『日本考古学講座』第4巻，弥生文化では，「弥生時代の生活」とする見出しが1ヵ所存在するものの，明治大学教授であった杉原荘介の執筆した総論である「弥生文化」では，弥生文化は鉄器時代の階梯にあると述べられており，弥生時代の語は積極的には使用されていない〔杉原1955〕。この段階では，まだ日本独自の時代区分が採用されていなかったふしがある。

そのような流れの一方で，1949年の群馬県岩宿遺跡の調査により，日本にも縄文文化以前の文化，先土器文化（無土器文化・旧石器文化）が存在したことが明らかにされ，日本国内において先土器文化→縄文式文化→弥生式文化→古墳文化という変遷が描かれるようにもなってきていた。たとえば1957年に刊行された『考古学ノート』においては「無土器文化」・「縄文文化」・「弥生文化」・「古墳文化」という区分が行われている。ただし本シリーズでは前二者を先史時代，後二者を原史時代としているなど〔清水他1957〕，1950年代の段階ではいまだ縄文時代，弥生時代という言葉が完全には定着していなかったと言うことができるだろう。

日本考古学協会は，1949年に「縄文式文化編年特別委員会」，1951年には，「弥生式土器文化総合研究特別委員会」を組織し，縄文文化，弥生文化の研究を積極的に推進する。その研究成果は『世界考古学大系』第1巻，日本1・先縄文・縄文時代，『世界考古学大系』第2巻，日本2・弥生時代，および日本考古学協会編『日本農耕文化の生成』という形で発表された。

特に1959年に刊行された『世界考古学大系』第1巻，および1960年に刊行された第2巻では，縄文時代，弥生時代の語が積極的に用いられた〔八幡編1959，杉原編1960〕。第1巻「先縄文・縄文時代」の編集者である八幡一郎は，本の表紙にこそ縄文時代の語を使用したが，自身の文中では「縄文式文化時代」と呼んでおり，縄文時代の語の使用にためらいがあるようにも思われる一方，第2巻「弥生時代」編集者の杉原荘介は，本書の凡例において「日本に農業が起こってから，日本古代国家の発生までを考古学のうえでは土器形式に

準拠して弥生時代とよんでいる」と明確に述べる〔杉原編1960〕。また，1961年に刊行された『日本農耕文化の生成』においても弥生時代の語が使用されている。なかでも，杉原荘介の執筆した「日本農耕文化の生成」という項目内においては「弥生式文化の時代」といった言い回しは消え，「弥生時代の文化」という形で記述が行われている〔杉原1961〕。ここに時代が文化に先立って区分され，時代によって文化が規定されるという，これまでとは逆の図式が描かれるようになったと言えるだろう。これ以降，縄文時代・弥生時代の語の使用例が多くなっていく。たとえば，1962年には坪井清足と近藤義郎が『岩波講座　日本歴史』第1巻の「縄文文化論」・「弥生文化論」の中で，縄文時代・弥生時代の語を使用している〔坪井1962，近藤1962〕。

多くの人々が読むという一般向け書籍の性格を考慮すると，縄文時代や弥生時代という語の普及に大きな影響を与えたのは，おそらく先の『岩波講座　日本歴史』シリーズと並んで，河出書房から刊行された『日本の考古学』シリーズであったと思われる。本シリーズの特徴は，考古学的な時代区分として，先土器時代・縄文時代・弥生時代・古墳時代・歴史時代という日本独自の時代区分を前面に押し出したという点にある。このうち第2巻の縄文時代は1965年に，第3巻の弥生時代は1966年に刊行されている。第3巻の編者でもある和島誠一は，弥生時代の定義を「弥生時代は，ながく停滞的な採集経済の段階にあった縄文時代の日本民族が，大陸の農耕文化の促進的な影響をうけて稲作を中心とする生産経済にうつり，米を主食とする日本人のその後をきりひらいた時代である」〔和島1966：10頁〕と述べ，弥生時代は縄文時代よりも発展した時代であり，弥生時代こそ日本人の日本人たる文化がはじまった時代であることを主張した。

縄文時代が停滞的であり，大陸からの新しい文化，水田稲作技術を伴って波及した文化によってピリオドが打たれたとする縄文時代観は，1962年に坪井清足が『岩波講座　日本歴史』において発表した「縄文文化論」にも見られるものである〔坪井1962〕。食料採集社会の「貧しい縄文時代」が行き詰まり，食糧生産社会の「豊かな弥生時代」へ移行したという発展段階的な捉え方は，1960年代当時の基本的な歴史観であった。

古い文化が大陸の影響を強く受けた新しい文化によって駆逐されるという縄

文時代から弥生時代への移行の構図は，欧米風文化が急激に流入し生活文化が大きく変化した昭和20～30年代の社会的情勢を考慮した場合，非常になじみやすい言説であったに違いない。弥生時代の語およびその基本概念は，戦前・戦中から戦後・高度経済成長という世相的構図ともリンクしつつ，新生日本史の象徴としても普及したと言うことができるだろう。

その後10年を経て，佐原眞が弥生時代の定義として1975年に記した文章には，「弥生時代は，「日本で食糧生産を基礎とする生活が開始された時代」である」と書かれている〔佐原1975：114頁〕。また，現在においても山川出版社から発行されている高校歴史教科書である『詳説日本史B』には，縄文時代を食料採取の段階，弥生時代を食料生産の段階と明記されている〔笹山他編2013〕。佐原がいう「基礎とする」という部分をどのような指標に求めるかが問題であるが，この定義が今日においても弥生時代に対する基本的な理解であることは否めない。

このように，縄文時代・弥生時代という語の成立を研究史的に概観してみると，明治から昭和期の初めにおいては石器時代として一括されていたものが，イネの発見などにより縄文と弥生が生業的・経済的な観点から切り離され，「縄文式文化」，「弥生式文化」という内容の認識が行われたのちに，第二次世界大戦後において，新たな日本の歴史を編纂していく過程で「縄文式時代」，「弥生式時代」という概念が成立してきたことがわかる。

また，縄文時代という概念の成立と弥生時代のそれは，表裏一体のものであり，両者はほぼ同時に使用されるようになったということになる。そして1950年代頃までは，「縄文式文化」を新石器時代に，「弥生式文化」を鉄器時代や原史時代などとして世界史的な時代区分の中に位置付ける言説が多かったのに対し，1960年代以降は日本の歴史における一時代として縄文時代，弥生時代が取り上げられるようになった。そして現在に到るという訳である。

このように，縄文時代と弥生時代という概念の来歴をみていくと，両者は戦後の日本が新しい国史である「日本史」を発展段階的な歴史観から構成・編纂する上で必要とされた時代区分であったと言うことができよう。今日，私たちが使用している縄文時代・弥生時代といった歴史上の時代概念およびその枠組みは，戦後における新しい日本国家体制の下，新しい日本史を語るために，い

わば政治的につくりだされたという側面を有するものであった〔山田 2015〕。そして、戦後の縄文時代研究の多くは、この枠組みの中で展開してきたと言うことができよう。

III 考古学的にみた「縄文文化」という概念

　広く世界の先史時代の区分を見回しても、縄文時代という時代区分は日本にしか存在しない。それゆえに、縄文時代という概念は優れて日本的なものと言うことができる。また、先の縄文時代の成立過程からもわかるように、縄文時代の文化＝縄文文化とするのであれば、この場合の「文化」の語も、実は考古学的な検討を経て構成されたものではないということになる。この点について少し考えておこう。

　考古学において、「文化」というものを規定する場合、たとえば次のような過程を経ることになる。ここではイギリスの考古学者C.レンフリューらの概念を援用しながら話を進めたい〔Renfrew and Bahn 1991〕。たとえば、縄文土器について考えてみよう。縄文土器は、人が創り出した「人工物」(artifact)である。そして縄文土器は、形や文様といった様々な「属性」(attribute)から構成されている。私たち考古学研究者は、同じ時期の土器のうち、近接した地域に分布し、似たような「属性」を持つ「人工物」同士をひとまとめにして、「型式」(type)を設定する。これは土器に限らず、石器や骨角器、住居跡など、すべての遺物や遺構（ここでは両者を一括して人工物としておこう）についても行われる。このように考えると、人の周りには「人工物」のまとまりである「型式」が満ちあふれていることになる。

　さらに考えてみよう。人が生活を行っていく上で必要とされる様々な道具全体は、数多くの「型式」の組み合わせから成り立っている。そして、ライフスタイルや生業の違いといった生活の仕方によって、道具の組み合わせは異なってくる。したがって、生活の仕方（これを生活様式と言う）によって、「型式」の組み合わせは変化するということになる。そのような「型式」の組み合わせのうち、特定の生活様式を反映する、型式の組み合わせをsub-assemblage、さらにより広い地域において特定の生活様式を反映する型式の組み合わせをassemblage（型式組成）と呼ぶ。

ここでassemblageについて，もう少し議論を進めてみよう。たとえば，海辺に居住し，漁撈を主とする人々の間では，釣り針・銛などの漁撈具の「型式」が発達する傾向があるだろう。一方で，内陸の山間部に居住し，狩猟を主とする人々の間では，弓・石鏃・石槍・落とし穴などといった狩猟具関係の「型式」が発達する傾向があるだろう。

　また，同じ海辺でも外洋に面してマグロなどの回遊魚やアシカなどの海獣を捕獲する人々と，内湾にいて貝類やスズキ・クロダイなどの内湾性魚類を捕獲する人々では，前者が釣り針や離頭銛など，後者が網（実際の考古資料としては網の錘である石錘・土器片錘など）といった，それぞれ異なった道具の「型式」が発達するだろう。

　したがって理論上は，同一の環境（生業形態）における集団間においては，同じようなassemblageが，異なる環境（生業形態）における集団間では，異なったassemblageが発達することになる。このように考えると，assemblage＝特定の生活様式＝それを営む特定の人々という図式を措定することができる。さらに，同一の環境内に居住し，同じような生業形態を有する複数の集団間においては，同じようなassemblageが確認できることになる。同じようなassemblageが，同時性を持ち，かつ一定の地理的範囲に広がる場合，そこに考古学的な意味での文化（archaeological culture, culture）が存在したと捉えることができる。このようにして考古学的に「文化」というものを突き詰めていくと，縄文時代における日本列島域においては，実は「考古学的文化」だらけになってしまうことに気が付くだろう。

　この場合の考古学的文化とは，物質文化（material culture）のことであり，assemblageの把握から判明する考古学的文化は，通常私たちが日常的に使う「文化」の語意とは少々異なることに注意する必要がある。また，考古学的文化の広がりは，それを担った人間集団の分布範囲ということができる（図1）。ただし，既知の人間集団には，血縁集団（linageなど），文化的集団（people），人種的集団（race），言語的集団（linguistic group），社会的集団（social group）などの区分があり，これらと考古学的文化の範囲が直接的に結び付くものではないことに注意しなくてはならない。とはいえ，考古学的文化と既知の文化的人間集団とは多くの部分で重なり合い，ここから当時の社会構造や生業形態と

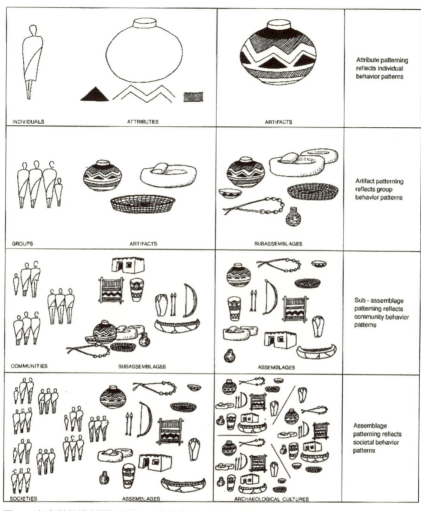

図1　考古学的資料群と既知の人間集団の対応関係〔Renfrew and Bahn 1991〕

いった諸問題へ接近することも可能となる。これが考古学的資料から当時の人間集団に接近していく際に用いられるオーソドックスな方法論である。

IV　techno-complexとしての「縄文文化」

このような数多い「文化」のうち，さらに時期的，地域的に類似するものを

大きくまとめたものが,「文化群」(culture group) と呼ばれるものである。たとえば従来「亀ヶ岡文化」や「井戸尻文化」,「加曽利E文化」などと,土器型式圏を主体とした輪郭で従来より考古学的に叙述されてきた「地域文化」がこれに相当するだろう。図2は,谷口康浩が示した縄文時代中期前半における土器型式や石器組成などの assemblage を主体に地域圏を示したものである〔谷口1992〕。これなどは,そのまま考古学的な文化群（culture group, 地域文化）の広がりとして捉えることができるだろう。しかし,ちょっと考えればわかるように,日本列島の中には様々な環境差が存在し,それに適応した形で様々な文化的地域差も存在する訳だから,culture group をもってしても日本列島全域をカバーできるようなものではない。

　高瀬克範は,イギリスの考古学者D.クラークの概念〔Clarke 1968〕を援用しながら,私たちが一般的に使用している縄文文化という概念の内容は,culture group のさらに上位概念にあたる,techno-complex に相当するものだと指摘している〔高瀬2014〕。クラークの言説を読み解いた高瀬によれば,techno-complex とは,「多相配合を共有するアセンブリッジによって特徴付けられる文化群の集合で,環境・経済・技術の共通要素に対する広域かつ連動した反応が共有されているもの」である。

　一方,縄文文化の定義を最大公約数的に考えた場合,「約16,500年前から2,400年前までの日本列島域において,人々が狩猟・採集・漁労に加えて一部では栽培を主な生業とし,土器や弓矢を使い,高度な動植物管理・利用技術を携え,段階はあれど本格的な定住生活を行う文化」ということになるだろうか。このような内容を持つ縄文文化が culture group 以上の高次概念になるだろうという予測は,これまでの説明と縄文文化の時空間的多様性を勘案すれば十分納得できるものだろう。私たちがこれまで縄文文化（Jomon culture）と呼んできたものは,「文化」ではなく,実質的には考古学的な「文化」・「文化群」の集合体である Jomon techno-complex（列島域における人類の後氷期適応,生活技術文化複合体）であったということになる。

　ただし,Jomon techno-complex という概念が果たして日本列島域内で納まるものなのか,たとえば朝鮮半島の新石器時代前期などはこれに含まれる可能性はないのかといった点を検討しておく必要がある。その場合,縄文文化の空

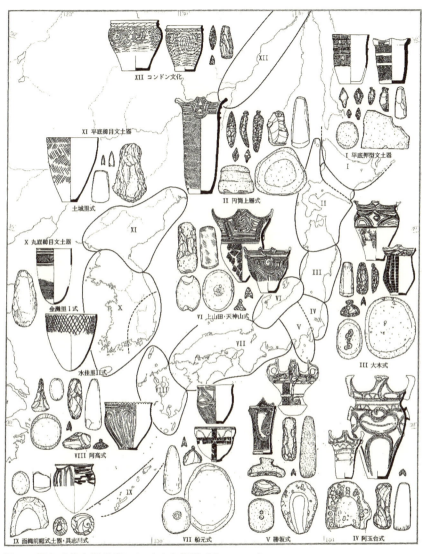

図 2　縄文時代中期前半における文化群〔谷口 1992〕

間的範囲をどのように考えるかという点が，問題として再浮上することになる。一案として，縄文土器が一系統のものであることを前提に，あるいは一系統に統合されたことを前提にその分布範囲こそ縄文文化の範囲であるという考

『縄文』とは何か　143

え方もあるが，そうするとこれまで話して来た culture や culture group の境界区分も，結局は土器型式によって行われる可能性が高いということを是としなくてはならない。また，大塚達朗が主張するように，土器の系統が，その出現最初期において複数存在したということであれば，私たちが縄文文化と呼んでいるものは，さらに混沌とした内容を持つことになる〔大塚 2000 など〕。

　一方で，縄文時代を「Jomon techno-complex が展開した時期」と定義してしまうと，たとえば北海道の「続縄文文化」はこれに含まれるのか否かという，研究史的にも複雑な議論を引き起こしてしまう。また，北部九州において水田稲作が開始された時期（約 3000 年前）は，東北地方において亀ヶ岡文化が展開している時期に相当する。これにより Jomon techno-complex という概念を用いたとしても，特定の年代によって，きれいに時代として切断できるものでもないことも了解されるだろう。

　高瀬克範も言うように，世界の先史文化をみわたした場合，「「縄文時代」と「縄文文化」のように，時代と文化がほぼ何の制約もなく相互に互換性のある概念として用いられている状況こそ例外的」であることに意識的にならなければならない〔高瀬 2014：17 頁〕。なぜこのようなことが可能であるのか，再び高瀬の言を借りると，「それは「縄文文化」の設定方法が変則的であるか，「縄文時代」が適応できる空間範囲にかなり強固な「同一性」があらかじめ認められているか，あるいはこれらが複合しているからにほかならない」。

　このような「文化的同一性」については，これまでにも大塚達朗によって問題視されてきた〔大塚 2000 など〕。大塚は「近代日本に規定されながら日本列島の範囲の中に何か有意なまとまりがあると見なす一体的な思考を学問的に当為化し，その当為に枠取られながらきた明治時代以来の日本先史考古学の実定的所為を思い起こすべき」という強い言葉とともに，「これまでに形成されてきた問題群の組み替え・読み替えを通じて縄紋文化という同一性を前提としなくても語れる世界を見いだす必要がある」と述べている〔大塚 2000：23〜24 頁〕。

　筆者自身もこれまで「縄文時代・文化」というものは，戦後の新しい歴史観によって新しい日本国民を育成するために設定された，極めて政治性の高い概念であると述べ，それ故に「つくられた」ものだと主張して来たが〔山田

図3 岡本孝之による縄文土器の範囲と境界〔岡本1990〕

『縄文』とは何か

2015〕，これは「一国史を語るため」に，自動的に文化的範囲が設定されるという，その叙述方法そのものに「実は無理があった」ことを指摘したものでもあった。

　このような視点とは別に，岡本孝之は縄文土器のあり方や骨角器のあり方などから，縄文文化を「大森文化」と呼び代える一方で，九州地方における前期の文化を「曽畑・阿高文化」として分離し，東日本の縄文を持つ弥生土器や続縄文土器についてはこれを「大森文化」の範疇に加えて考えるという見方を示している〔岡本1990〕（図3）。さらに岡本は，九州地方における後晩期の時期を「三万田文化」として「大森文化」から分離し，これが中部・東海地方と連動し，縄文時代から弥生時代への移行期に「三万田・水神平文化」が展開したと述べている。土器の年代観やコメの有無をめぐって検討すべき点もあるが，「一時代＝一文化」という対応関係とは別の枠組みを示したという点で傾聴すべき意見であろう。

V　縄文時代・文化における所与の枠組みの限界

　これまで考古学研究者は，「縄文時代の文化＝縄文文化」として，その地域差に配慮しつつも，これを単一の文化として捉えることが多かった。そして，それは食料採取経済の段階であり，それ故に平等な社会を持つという枠組みの中で理解され，その空間的範囲も一国史という観点から，自ずと日本国の領土と一致する形で設定されていた。それ故に縄文時代・文化は，そのまま時空間的に一対一で対応し，読み替え可能という，世界史的にも稀有なあり方を示すのである。また，縄文時代・文化という概念は，そもそも終戦直後に「新しい国民の育成」という文脈で歴史教育を行う際に導入されたグランドセオリーである発展段階的歴史観を反映したものであり，当初からその歴史的位置付けと理論的枠組みが，疑いのない所与のものとして設定されていた。

　各地における遺跡の発掘調査が活発化する1970年代以降の考古学的研究の進展，発掘調査による新発見によって，たとえば縄文農耕の問題，縄文階層化社会論など，所与の固定化された縄文時代像にはそぐわない事象が出てきた場合でも，筆者を含め先の戦後教育を受けてきた多くの研究者は，無意識のうちにその新発見を従前の枠組みの中に押し込めようとしてきたことは疑いない

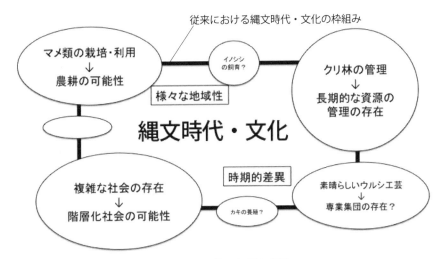

図4　現在における縄文時代の枠組みと様々な研究成果

〔山田 2017〕（図4）。しかしながら，その枠組みそのものが，実は考古学的な実態を伴ったものではなく，長い間研究者の思考を束縛してきたことは，研究史的にも理論的にも指摘できるだろう。

おわりに

現在においては，その所与の枠組みが本当に存在するのかということ自体に疑念の目が向けられるようになっている。それ故に，今やグランドセオリーからは距離を置くような，多様化・相対化を旨とするポスト・モダン的な，あるいはグランドセオリーに基づきながら歴史的叙述を行うとしても，縄文時代・文化を従来のような「狩猟採集経済社会」・「平等社会」という固定化した枠組みから止揚するような，「語り」が必要とされているのである。

参考文献

大塚達朗 2000『縄紋土器研究の新展開』，同成社
岡本孝之 1990「縄文土器の範囲」『古代文化』第42巻第5号，pp. 1-15
考古学研究会編 1954『私たちの考古学』第1号
小林行雄 1951『日本考古学概説』，創元社

駒井和愛・杉原荘介編 1949『登呂　前編』，日本考古学協会
近藤義郎 1962「弥生文化論」『岩波講座　日本歴史』第 1 巻　原史および古代 1，pp. 139-188，岩波書店
酒詰仲男・篠遠喜彦・平井尚志 1951『考古学辞典』，改造社
笹山晴生・佐藤信・五味文彦・高埜利彦編 2013『詳説日本史 B』山川出版社
佐原眞 1975「農耕の開始と階級社会の形成」『岩波講座　日本歴史』第 1 巻　原始および古代 1，pp. 113-182，岩波書店
清水潤三・倉田芳郎 1957『考古学ノート』第 3 巻　原史時代 I・弥生文化，日本評論新社
杉原荘介 1955「彌生文化」『日本考古学講座』第 4 巻　彌生文化，pp. 2-30，河出書房
杉原荘介 1961「日本農耕文化の生成」『日本農耕文化の生成』，pp. 3-33，東京堂
杉原荘介編 1960『世界考古学大系』第 2 巻　日本 II・弥生時代，平凡社
杉原荘介編 1961『日本農耕文化の生成』，東京堂
高瀬克範 2014「続縄文文化の土地利用　隣接諸文化との比較にもとづく展望」『国立歴史民俗博物館研究報告』第 185 集，pp. 15-59
谷口康浩 1992「2 道具の組合せ　d 中期」，小野昭・春成秀爾・小田静夫編『図解・日本の人類遺跡』，pp. 66-69，東京大学出版会
坪井清足 1962「縄文文化論」『岩波講座　日本歴史』第 1 巻　原史および古代 1，pp. 109-138，岩波書店
中山平次郎 1917「九州北部ニ於ル先史原史両時代中間期間ノ遺物ニ就テ」『考古学雑誌』第 7 巻第 10 号，pp. 1-38
濱田耕作 1935「日本原始文化」『岩波講座　日本歴史』第 1　総説・古代，岩波書店
蒔田鎗次郎 1896「弥生式土器（貝塚土器ニ以テ薄手ノモノ）発見ニ付テ」『東京人類学界雑誌』第 122 号，pp. 320-325
丸山国雄 1947『新国史の教育—「くにのあゆみ」について—』，惇信堂
森本六爾 1932『日本考古学年報』第 1 輯
森本六爾 1935a「弥生式文化—Penssès 風に—」『ドルメン』第 4 巻第 6 号，pp. 86-89
森本六爾 1935b『考古学』歴史教育講座第二輯，四海書房
森本六爾 1941『日本農耕文化の起源』，葦牙書房

森本六爾編 1933『日本原始農業』，東京考古学会
文部省編 1891『高等小学歴史』
文部省編 1946『くにのあゆみ　上』
文部省編 1947『日本歴史　上』
山田康弘 2015『つくられた縄文時代―日本文化の原像を探る―』，新潮選書
山田康弘 2017「縄文時代はどのように語られてきたのか」山田康弘・国立歴史民俗博物館編『縄文時代―その枠組・文化・社会をどう捉えるか？―』，pp. 2-22，吉川弘文館
山内清男 1925「石器時代にも稲あり」『人類学雑誌』第40巻第5号，pp. 181-184
山内清男 1932「日本遠古之文化 (1)〜(7)」『ドルメン』第1巻4号〜第2巻2号
八幡一郎 1953『日本史の黎明』，有斐閣
八幡一郎編 1959『世界考古学大系』第1巻日本Ⅰ・先縄文・縄文時代，平凡社
和島誠一 1966「弥生時代社会の構造」『日本の考古学』第3巻弥生時代，pp. 2-30，河出書房新社
渡部義通・早川二郎・伊豆公夫・三沢章 1936『日本歴史教程』第1冊，白楊社
Clarke, D. 1968 Analytical Archaeology, Methuen & Co Ltd.
Renfrew, C. and Bahn, P. 1991 Archaeology Theories, Methods, and Practice, Thames and Hudson.

===| 歴博の展示リニューアルと時代区分① |===

縄文時代のはじまり

山　田　康　弘

土器の出現時期と温暖化適応

　現行の日本史の教科書では，旧石器時代から縄文時代への移り変わりを次のように記している。

　　「今からおよそ一万年余り前の完新世になると，地球の気候も温暖になり，現在に近い自然環境となった。植物は亜寒帯性の針葉樹林にかわり，東日本にはブナやナラなどの落葉広葉樹林が，西日本にはシイなどの照葉樹林が広がった。動物も，大型動物は絶滅し，動きの速いニホンシカとイノシシなどが多くなった。こうした自然環境の変化に対応して，人びとの生活も大きくかわり，縄文文化が成立する」〔笹山他編 2013：11 頁〕。

旧石器時代から縄文時代への変遷要因を「温暖化適応」に求めるこの記述は，大枠では正しいが，細かい点においては問題点も含んでいる。その1つが，何をもって縄文時代のはじまりとするかという点である。これまで，土器の出現とその使用は，縄文時代のはじまりを指し示す重要な要素であると考えられてきた。また，その起源についても，温暖化した気候とそれに伴い変化した環境に，当時の人々が対応していく過程でドングリなど堅果類の利用が行われるようになり，そのアク抜きのために土器が必要とされたといった説明がなされてきた。すなわち，土器の出現と利用は温暖化適応の結果であるとの理解がなされ，土器の出現が当時の人々の生活を大きく変えたとして，ここに画期を認め，これを縄文時代のはじまりとする考え方が広く流布してきたと言える。

　しかし，最近の研究によれば，このような理解が困難であることが明らかとなってきた。この点を，土器出現期の気候変動のあり方からみてみよう（図1）。地球はほぼ10万年の周期で氷期（寒冷期）と間氷期（温暖期）を繰り返し

てきている。現在は間氷期であり，その前にあった時期的に一番近い氷期のことを，地質学では最終氷期と呼んでいる。実際に気候が温暖化するのは1万5000年程前のことであるが，温暖化傾向がそのまま持続していったのではなく，1万3000年前には再び寒冷化し，氷期に戻るような気温の低下が訪れる。これを「ヤンガードリアス期（寒冷期）」と呼ぶ。本格的な温暖化が始まるのは，その後のおよそ1万1500年前からである。

ところが，最新のAMS（Accelerator Mass Spectrometry＝加速器質量分析）による炭素14年代の測定によれば，土器の初現は，その最も古い測定値を採用すると，およそ1万6500年前までさかのぼることが判明している〔中村・辻1999〕。しかし，土器が出現した1万6500年前はまだ最終氷期にかかっており，気候的には寒冷な状況であった。このことが，従来のように「土器の出現は，気候の温暖化という自然環境の変化に対応したものである」と単純に理解することを困難にしている。

縄文時代のはじまりに関する3つの説

したがって，現在ではこのような気候の変化と考古学的な資料のあり方を勘案して，縄文時代のはじまりを，以下の3つの立場から説明することが多い〔小林他編2009など〕（図2）。

第1の説は，土器の出現をもって旧石器時代と縄文時代を区分する立場である。土器の出現を重要視し，時期区分の指標とする視点は，そもそも社会進化論の古典であるモルガンの『古代社会』にも記されているが〔モルガン1958〕，日本の考古学研究においては1960年代に明確化され，今日まで多くの支持を受けてきたと言える〔岡本1962，近藤1965など〕。先にも述べたように，現在のところ日本における最古の土器は青森県の大平山元I遺跡から出土した無文土器であり，そのうちの最も古いものの較正年代は約1万6500年前である。したがって，縄文時代のはじまりはこの時期までさかのぼると考える説である。この第1の説は，土器が果たした歴史意義を大きく捉える立場でもある。

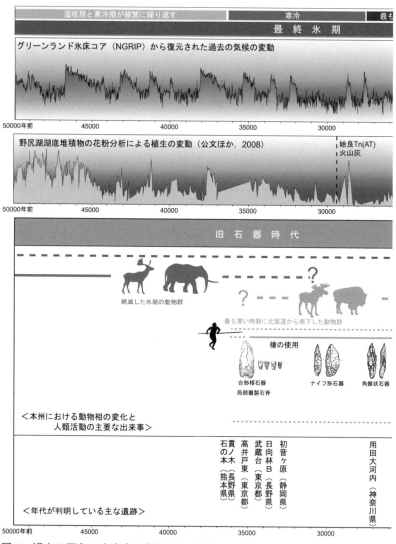

図1　過去5万年の出来事の年表〔小林他編 2009〕

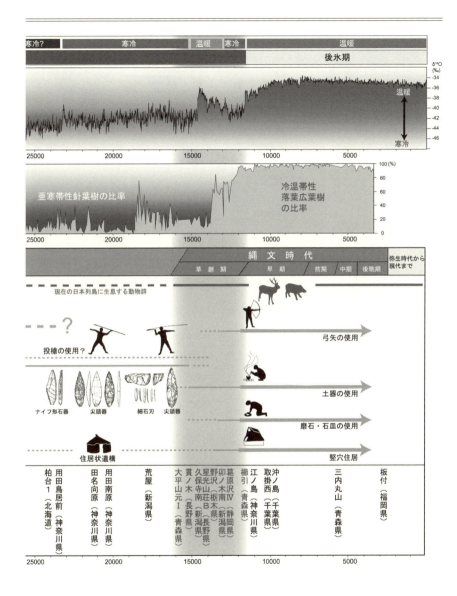

縄文時代のはじまり

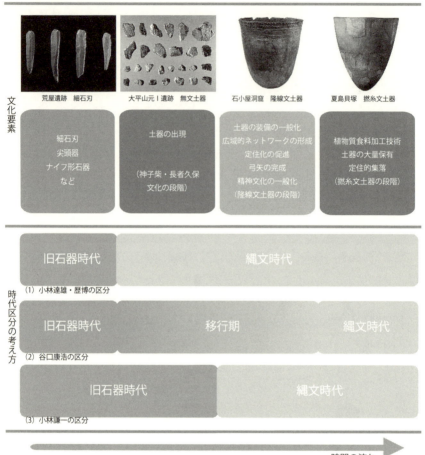

図2　縄文時代のはじまりをめぐる3つの説〔小林他編 2009〕
　荒屋遺跡細石刃（東北大学大学院文学研究科），大平山元Ⅰ遺跡無文土器（外ヶ浜町教育委員会，撮影：小川忠博），石小屋洞窟隆文線土器（複製・国立歴史民俗博物館，原品・國學院大學博物館），夏島貝塚撚糸文土器（明治大学博物館）

　土器の起源については未解明の点も多いが，土器が登場したことによって，当時の人々の生活が大きく変化したことは容易に想像ができる。植物の繊維を編んだ「うつわ」（編カゴ等の編組製品）や，木をくりぬいた「うつわ」（木製容

器)と比較して，粘土を焼いて製作した土の「うつわ」である土器の最大の長所は，何と言っても耐火性，耐水性に優れ，長時間の煮炊きを行うことができるという点であろう。これは他の材質の「うつわ」では行うことのできない作業である。ただ単に煮沸を行うということだけであれば，土器が存在しなくても技術的には可能である。例えば，日本の民俗例の中にも，焼けた石を木製容器にためた水の中に入れて煮沸を行うという技術が存在する。また，旧石器時代や縄文時代草創期などに見ることのできる焼け石の集石のなかには，このような一時的煮沸に用いられたものもあったであろう。しかし，内容物の状態を確認しながら，長時間煮込むことができるのは土器だけである。したがって，この長時間煮込むという作業こそが，土器の本質的な役割であったと言うことができるだろう。

　土器が登場し，内容物を長時間煮込むことができるようになったことで，縄文人は旧石器時代の人々と比較して，より多くの食料資源を利用することが可能となった。例えば，焼く，蒸すといった従来の調理方法ではこれまで利用できなかった動物のスジや頬肉など硬い部位の肉，草菜の植物繊維なども煮込むことによって，柔らかくなり食べることができるようになった。また，熱を十分に加えるということは，アルカロイド類など自然に存在し，直接摂取したら人体に有害な物質を除去することも可能とし，重要なデンプン質供給源であるトチやドングリ類も食料資源として，十分に利用できるようになった。これは，デンプンを効率よく体内に取り入れるためには，加熱加工する必要があるからである。もちろん，縄文人は貝類や魚類を土器で煮ただろうし，獣骨を煮て骨髄からスープを取り出したりしたことであろう。そして，何より重要な点は，煮込むことによって，様々な食材を組み合わせた煮込み料理，スープ・シチュー類を作ることができるようになったことであった。そして，肉類や魚類，貝類，草菜類，デンプン質といった複数の食材を組み合わせることによって，いくつもの好みの「味」を作り出すことができたであろう。このように土器の登場は，新たな食料資源の開発・量的拡大に多大な貢献を果たしたばかりではなく，嗜好の多様化をも導いたのである。

土器が利用されるのは，何も食料を調理する場面だけではない。例えば，植物の繊維を柔らかくするために湯に長時間つけ込んだり，石鏃やヤス，釣り針を装着するときの接着剤としてニカワを作ったり，アスファルトを溶かしたりする時にも用いられたことであろう。新潟県大坂上道遺跡（後期）などからは，アスファルトが詰まった土器が出土している。また，ウルシの精製をするためには，ウルシを40℃前後に加熱し保温しながらかき回すことが必要であるから，そのような作業も土器を用いて行われたに違いない。青森県是川中居遺跡（晩期）や島根県夫手遺跡（前期）からは，ウルシが詰まった土器が出土している。この他，数々の染料や顔料も加熱して作られたことであろう。

　植物繊維は撚糸や縄として，ニカワやアスファルトは接着剤として，ウルシは接着剤や漆器の材料として，縄文人が用いた道具を作る素材となった。また，染料や顔料は実用的，呪術的な見地から数々の利用がなされたに違いない。これらの素材を作るためにも，土器は重要な役割を果たしていたのである。

　第1の説では，土器がもたらした生活変化・技術革新を歴史的に大きく評価して，その出現をもって縄文時代のはじまりとするわけである。これによれば従来の時期区分でいうところの縄文時代草創期初めの部分に相当する無文土器の時期が，縄文時代のはじまりということになる。多くの縄文研究者は，この説を採っている。

　第2の説は，土器の一般化，普及をもって旧石器時代と縄文時代を区分する立場である。この説は，基本的には土器の出現と利用の歴史的意義を評価するという点では，第1の説と同じ考え方に立っている。しかしながら大きく異なるのは，その画期を認める時期である。第2の説では，土器出現期においては土器を出土する遺跡が非常に限られているだけでなく，量的にも非常に少ないため，まだ土器が一般化し，普及していないとして，生活を変えるほどではないと考える。そして，土器の出土遺跡・出土量が増加し，土器が本格的に普及したと考えられる隆起線文系土器の段階をもって，縄文時代のはじまりとするもので，小林謙一らによって主張されている〔小林他編2009など〕。この場

合，縄文時代のはじまりはおよそ1万5000年前，すなわち温暖化が最初に開始された頃ということになり，「温暖化適応」とも連動する。従来の時期区分で言えば，縄文時代草創期の中葉以降ということになる。

　第3の説は，先の最大公約数的理解でも挙げたような要素が確認でき，いわゆる縄文文化的な生業形態・居住形態が確立した段階をもって，縄文時代のはじまりとする立場で，谷口康浩らによって主張されている〔谷口2011など〕。土器の出現を1つの画期とはするが，その後をすぐに縄文時代とするのではなくて，むしろ旧石器時代から本格的な縄文時代までの間に移行期を設定する立場である。先にも述べたように，気候が温暖化していく中で旧石器時代とは異なった環境が成立し，それと連動して植物質食料の利用形態が変化した。また，それに伴って様々な道具立ての発達が促された。植物採集，狩猟，漁撈といった様々な技術体系が確立し，貝塚の形成や竪穴住居の普及にうかがうことができるように定住生活が本格化していく時期，ここにもう1つ画期を認めるのが第3の説である。いわば，私たちがこれまでイメージしてきたような縄文時代の文化的内容が始まることをもって，時代を区分する説である。時期的には従来の縄文時代早期の初めが相当し，関東地方における撚糸文系土器の時期では，およそ1万1500年前のことになる。

　実は，私としては今のところ，この第3の説に大きな魅力を感じている。日本列島域の内部で旧石器文化から縄文文化が生成し，(すなわち，日本列島域において土器が発明されたと考え)，移行していくならば，そこには必ず様々な文化的要素が付加・脱落していく移行期が存在したはずだ。これは，外部からの文化的影響を直接的に受けて誕生する弥生文化とは，文化生成プロセスにおいてやや異なるものである。このような考えから，土器・弓矢・竪穴住居・貝塚などの諸要素の出現と普及という，その指標が最も多彩となる第3の説に，私は注目している。しかしながら，移行期を設定するという考え方は他の時代の境目にも当てはまることなので，時代区分論としてはダイナミズムに少々欠けるきらいがあるかもしれない。

　また，この3つの説を比較すると，土器の出現と定住生活の出現，貝塚の出

現といった縄文時代らしい生活の成立時期との間には5000年程の時間差が存在することになる。すなわち，旧石器時代から縄文時代への移行は決して急激なものではなく，次第に温暖化していく環境への適応の中で，5000年もの長い時間をかけてゆっくりと継起したものと捉えることが肝要であることになる。それにしても旧石器時代から縄文時代への移行期間が最大5000年もあるということは，少なくとも奈良時代の始まりである710年から現代までがおよそ1300年間であるということと比較してみても，私たちの想定を超えるような時の流れが必要であったとは言えるだろう。

　重要なのは，先の3つの立場は，旧石器時代から縄文時代への変化の中で，どのような部分に画期を見出すかという歴史観の問題とも大きく関わっているものなので，歴史学的には一概にどれが正しい，どれが間違いと言うことはできないという点である。歴博第1展示室では，どの説にも学術的根拠があることを認めつつも，土器の出現の歴史的意義を重視し，基本的には最も時間幅を広く採る第1の説に基づいて縄文文化の形成，縄文時代のはじまりを考えることにしたいと思う。

参考文献

岡本明郎 1962「日本における土器出現の自然的・社会的背景について」『考古学研究』第8巻第4号

小林謙一・坂本稔・工藤雄一郎編 2009『縄文はいつから⁉—1万5千年前になにがおこったのか—』，国立歴史民俗博物館企画展図録

近藤義郎 1965「後氷期における技術革新の評価について」『考古学研究』第12巻第1号

笹山晴生・佐藤信・五味文彦・髙埜利彦編 2013『詳説　日本史B』，山川出版社

谷口康浩 2011『縄文文化起源論の再構築』，同成社

中村俊夫・辻誠一郎 1999「青森県東津軽郡蟹田町大平山元Ⅰ遺跡出土の土器破片表面に付着した微量炭化物の加速器C一四年代」，大平山元Ⅰ遺跡発掘調査団編『大平山元Ⅰ遺跡の考古学調査』

モルガン，L．1958（青山道雄訳）『古代社会（上）』岩波文庫

弥生長期編年にもとづく時代と文化

藤尾慎一郎

I 問題の所在

　本稿は，日本で灌漑式水田稲作（以下，弥生稲作）が始まってから定型化した前方後円墳が出現するまでの，いわゆる弥生時代の存続期間が，これまでの約700年から約1200年に延びるという弥生長期編年のもとでは，時代や文化をどのように考えればよいのか，という問題について論じたものである。主な論点は3つである。

　第1は，弥生時代の時間的範囲である。金属器の出現と弥生稲作の開始が一致しなくなったことによって，最初の600年あまりは石器時代の弥生稲作となる。このことが弥生時代の時間的範囲に与える影響について考える。

　第2は，弥生文化の地理的範囲である。もともとは弥生土器の分布範囲であり，現在は灌漑式水田稲作を行う鹿児島から青森までを弥生文化の範囲とするという考え方が一般的である。一方，紀元前11世紀に灌漑式水田稲作を始める朝鮮半島南部の文化を弥生文化と呼ばないのは，弥生土器がなかったからであるが，それでも両地域を分けているもっとも大きな基準が朝鮮半島と日本列島という地理的区分であることもまた事実である。しかし，地理的区分以外に両地域の灌漑式水田稲作文化を分けているものはないのであろうか。この問題を考えたとき，九州北部だけ土器や石器，青銅器，副葬品の組み合わせなどいろいろなレベルにおいて朝鮮半島南部にきわめて近い特徴を持つ時期があることがわかるが，このことの意味をあわせて考える。

　第3に日本列島の水田稲作文化についての問題である。本州・四国・九州の水田稲作文化には，社会の複雑度や広域祭祀の面で地域差が存在して多様であることに異論のある研究者は少ない。しかしこの違いは弥生文化の地域性・多様性なのか，別の文化なのかという問題について考える。

これら3つの問題を通じて，1200年あまりに及ぶこととなった日本の水田稲作文化をタテという時間軸と，ヨコという地域軸から再考する。

II 研究史

　筆者は，2013年に執筆した「弥生文化の輪郭」という論文の中で，弥生文化の定義と縦と横の範囲，すなわち時間的地理的な輪郭について次のように考えた〔藤尾2013：116頁〕。少し長いが引用する。

　　弥生文化は，「選択的な生業構造のなかに水田稲作を位置づけた上で，それに特化し，いったん始めたら戻ることなく古墳文化へ連続していく文化である。拡大再生産による農耕社会化，政治社会化していくことが潜在的に組み込まれていた文化であり，それがうまくいくための弥生祭祀というメカニズムをもつ。」。

　「弥生文化は，前10世紀後半から後3世紀半ばにかけての日本列島において，最大の領域を占める文化である。存続期間は最大1200年間あまりと長いが，500年間しか続かない南関東など，水田稲作の開始年代によって地域ごとの弥生文化の存続期間には長短がある。」。

　「弥生文化は，前10世紀後半からの約250年は，玄界灘沿岸地域にしか広がっていなかったものの，前6世紀中ごろまでには宮崎から伊勢湾沿岸まで広がり，前3世紀には利根川まで拡大して最大の領域をほこる。その後はこの領域を保ったまま，3世紀中ごろに古墳文化へ移行する。」。

　その後，2015年に刊行した著書『弥生時代の歴史』（講談社現代新書）において，2013年見解をもとにした弥生文化の範囲を狭義に捉える説を展開した。総じてこれまでに受けた主な批判は，以下のとおりである。

　弥生文化の指標としてあげた生業・社会・祭祀という3つの指標が基本的に大陸的要素に偏っていることを不当とする意見や，それらの指標がすべてそろうのが水田稲作が始まってから600年あまりあとの紀元前4世紀（前期末）になってからなので，弥生文化のはじまりを紀元前4世紀からとすべきではないかという意見〔石川2010〕。さらには，弥生文化に地域性があるのは認めるので，それぞれを板付文化とか，砂沢文化などと呼べばよいのでは？　などの意見である〔設楽2014〕。こうした意見は関東や東北の研究者に多い。

逆に賛同するのは西日本や北海道の研究者で，その論拠は水田稲作の存否ではなく，水田稲作を生産基盤とする社会や文化の違いを根拠としている点で筆者と共通している〔藤本1982，鈴木2009，山田2009〕。いずれにしても生産基盤の共通性をもって同じ文化とするなら，朝鮮半島南部も弥生文化でよいはずなのにそうなっていないのは，やはり生産基盤以外の指標でもって区別しているからであろう。したがって列島内であっても生産基盤以外の指標で区別するのもありだと考えるのだが，そうならないのはなぜであろうか。
　論点1から見ていくことにする。

III　弥生時代の時間的な範囲

1　弥生開始年代の追求

　もともと弥生時代は弥生式土器の時代であった（図1）。明治時代に見つかった弥生式土器が，当時知られていた石器時代の土器なのか，高塚古墳の時代である鉄器時代の土器なのかをめぐって論争が行われ，最終的に鉄器時代の土器であることで決着する。
　弥生式土器が何世紀ごろのものかをめぐる議論が始まるのは大正時代になってからである。九州で見つかる甕棺は弥生式土器として認識されていたが，甕棺のなかから漢代の鏡が見つかることから，甕棺の時期が紀元前1世紀のものであるという判断が示されてからである。当時知られていた弥生式土器は，現在の弥生中期と後期のものである。
　1940年に福岡県遠賀川の河床から見つかった土器が遠賀川式土器として弥生前期に位置づけられると，弥生式土器の時代がいつごろから始まったのかという問題意識が芽生える。なぜなら奈良県唐古遺跡の調査によって遠賀川式土器の時代には水田稲作が行われていて，かつ鉄器も使われていたと考えられるようになっていたからである。縄文式土器の時代にはまったく見られない農業や金属器は大陸の影響で出現するしかないので，いつからが弥生式土器の時代なのかが関心の的となった。
　当時は漫然と紀元前3～前2世紀ごろに始まったのではないかと考えられていた。その理由は，前漢鏡が出る弥生中期という，弥生式土器の時代の真ん中

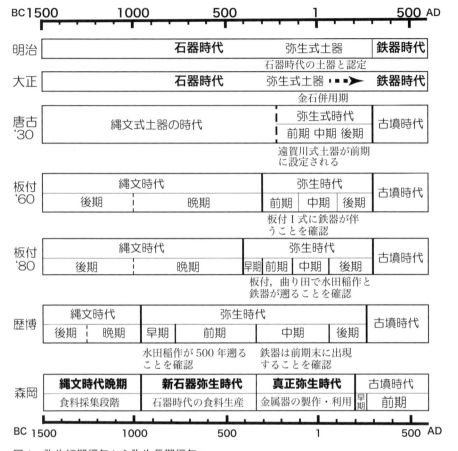

図1 弥生短期編年から弥生長期編年へ

が紀元前1世紀。そこから高塚古墳が出現する紀元後300年までの時間を，前漢鏡が見つかる弥生中期から前へ300年，折り返すと，そのぐらいになるというものであった。

戦後になり，最後の縄文土器である突帯文土器（当時は隆帯文土器）と共伴した最古の弥生式土器である板付Ⅰ式土器に伴った木炭や貝殻を炭素14年代（当時はβ法）測定した結果，紀元前300年という数字が確定する。もっとも新しい縄文式土器である突帯文土器に直続する板付Ⅰ式土器から，最古の土師器の直前の弥生土器までの時代は，紀元前300年から紀元後300年までの約

600年間，継続した時代と理解された。現在でもこの説を採る教科書はある。

しかし最古の土師器と最後の弥生土器との型式学的な線引きが難しかったことから，土器では時代を区別できないと考えた佐原真が，水田稲作や古墳など土器以外の指標を用いて時代を区分するという方針に基づき，弥生時代を水田稲作の時代としたのは，板付縄文水田が見つかる3年前の1975年であった〔佐原1975〕。佐原の提言は，土器という考古学的な技術様式から，獲得経済から生産経済への転換という人類史的区分である経済様式を基準に縄文と弥生を分けようとしたものである。ただこの段階では定義や考え方の変更にとどまり，弥生時代の上限がさかのぼることはなく紀元前300年のままであった。

1978年以降，立て続けに最後の縄文土器に伴う定型化した水田や鉄器が見つかった。新聞や九州の研究者は，縄文時代の水田稲作や鉄器として認識したが，佐原は最後の縄文土器に伴った水田稲作の形態や金属器のあり方が，弥生前期以降と遜色のない定型的な内容を持っていたため，最後の縄文土器の段階を弥生時代に含め，弥生先I期として弥生時代の上限を引き上げた。現在の弥生早期の誕生である。最後の縄文土器は最古の弥生土器になったのである。これぞまさしくも1975年に佐原自身が提案した人類史的区分による弥生時代のはじまりであった。

ここで重要なのは考古学的な時期区分と人類史的な時代区分との間にズレが生じ，結果的に人類史的区分で解決したことである。同様な動きは縄文土器の出現を指標に旧石器時代と区分していた縄文時代が，晩氷期の土器が見つかったことによって，時代区分の指標を土器から社会の変化に変えようとしている研究者が現れていることと同じである。この結果，弥生時代は紀元前5～前4世紀から紀元後300年までの約700年，続いたと考えられるようになった。以上を弥生短期編年と呼んでいる。

2003年，歴博は，水田稲作の開始年代が紀元前10世紀までさかのぼる可能性があることを発表した。根拠は約60年前と同じ炭素14年代測定である。ただし，加速器質量分析法（AMS）と呼ばれる炭素14年代測定法で，精度も高く測定に必要な量も微量ですむことから，約60年前にはできないことができるようになっていた。土器の表面に付着しているススやコゲなどの微量な炭化物の測定である。これほど土器との同時性を担保できる測定試料はない。

今から考えると，約60年前に行われたβ法による炭素14年代測定によって紀元前300年という数字が出たのは，貝塚や環壕の底という状況下において出土した試料の時期比定が違っていた可能性と，炭素14年代を暦年代になおす換算法の間違いにあることはいうまでもない。

これによって弥生時代は紀元前10世紀後半から後3世紀中ごろまでの約1200年続くことになった。これを弥生長期編年と呼んでいる。

2 弥生時代の時間的細分

水田稲作の開始年代が500年もさかのぼったことで大きく変わったのは，水田稲作の開始と同時に出現すると考えられてきた金属器の出現が水田稲作のはじまりよりも約600年も遅れるということと，土器一型式の存続期間を統計的に計算できるようになった結果，型式ごとに30〜170年の開きがあることがわかったことである。弥生時代全期間の土器型式の数が変わらないのに弥生時代の存続期間が倍増するのであるから，土器一型式の存続期間も間延びすることは予想していた。しかし実際には間延びする型式と間延びしない型式が存在したのである。ここでは金属器の出現年代について説明する。

水田稲作と同様，弥生時代を特徴づけてきた金属器という指標だが，金属器は18世紀以来，先史時代を利器の材質で分ける考古学的な時期区分の際の重要な指標であった。日本列島の場合，同時に出現すると認識されていた水田稲作と金属器だが，水田稲作の開始が500年さかのぼった結果，金属器が600年ほど後出することをふまえた議論が盛んに行われるようになる。

この結果，利器を指標にすると，鉄器が出現する以前の600年あまりが新石器時代，以降の600年あまりが初期鉄器時代や鉄器時代となるため，弥生時代は大きく2つに分かれることになる〔森岡2007〕。

水田稲作の開始という経済様式で縄文時代との線引きを行う人類史的な区分と，土器の違いや金属器の有無という技術様式の違いで弥生時代を考古学的に2つに区分することの違いは，何を意味するのであろうか。

図2をみると，まず採集経済の縄文時代と生産経済の弥生時代を紀元前10世紀後半で区別することができる。佐原が示した視点である。次に，紀元前9世紀中ごろには環壕集落が現れ戦いが始まって，個人が析出するという社会的

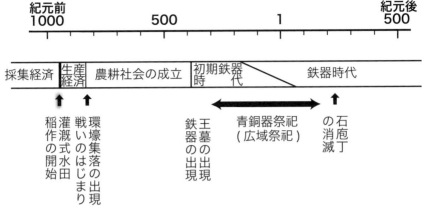

図2 イネと鉄の時代

基準で線を引くことができる。いわゆる農耕社会の成立である。最後が紀元前4世紀中ごろに，青銅器の副葬や広域祭祀が始まり，最古の王と呼ばれるような個人が登場することである。

　社会的基準の考古学的証拠としては環壕集落と戦い，有力者の登場と継承がある。水田稲作が始まってからほぼ100年後に成立する環壕集落，武器で殺傷された人が眠る墓の出現，副葬品を持つ有力者の墓の出現，副葬品を持つ子供の墓と何も持たない子供の墓の存在などから，水田稲作社会は農耕社会に質的な転換を遂げていたことがわかる。

　祭祀的要素とは，豊作を祈る個別の豊穣のまつりではなく，武器形や銅鐸形の青銅器を用いた青銅器祭祀を代表とする広域祭祀である。1つの村ではなく，何らかの紐帯を持つ複数の集落間＝共同体を単位とする広域の祭祀である。以上のような経済，社会，祭祀という画期をへて，やがて古墳を創造することになる人びとが，いわゆる一般的な弥生文化の人びとということになる。

　以上をまとめると，弥生時代には4つの画期があることがわかる。九州北部を例にとると，紀元前10世紀に水田稲作の開始という経済的な変化が起こる。ここで縄文時代と画すことができる。次に紀元前9世紀には，農耕社会の成立や戦いのはじまりなど，社会的変化が起こる。紀元前4世紀には青銅器祭祀を代表とする広域祭祀が始まるとともに，西日本には鉄器が出現して，初期鉄器時代に入る。そして最後，紀元前2世紀には，九州北部において，鉄刃農

具や袋状鉄斧など鉄製利器が出現する鉄器時代に入る。
　そこで，弥生時代を鉄器の出現を契機に，つまり紀元前4世紀前葉を境に大きくⅠとⅡの2つの段階に分け，さらに紀元前4世紀以前を経済的な画期で縄文時代と区別できるⅠA段階と，社会的な画期で線引きできるⅠB段階に分ける。実はこの細分が弥生文化の地理的範囲を考える際の有効な基準となるからである。

Ⅳ　朝鮮半島南部と九州北部との関係

　弥生文化の地理的範囲を考える前に，水田稲作を行うという点以外にも土器や副葬品の組み合わせなどの点で共通点が多い朝鮮半島南部と九州北部の関係について見ておきたい。

1　紀元前1000年前後から紀元前8世紀（図3）

　紀元前12世紀から紀元前8世紀ぐらいまでの間，朝鮮半島南部を中心とする地域に遼寧式青銅器文化が広がっていた。考古学的な特徴の1つに，墓の中に剣や矢尻などの武器，玉，小壺を副葬する習わしが九州北部を東南限とする地域にみることができる。もっとも上位の人の墓には遼寧式銅剣という青銅の剣が副葬されるが，九州北部には朝鮮系磨製石剣と朝鮮系磨製石鏃，小壺を副葬された墓をみることができる。
　もう1つの特徴としては，遼寧式銅剣が破損してバラバラになった破片を利用して小型の刃物を作って矢尻やノミとして再利用する点である。
　こうした共通性を見せる墓の副葬品や青銅器の再利用がみられる九州北部地域は，遼寧式青銅器を象徴とする文化複合体（カルチャー・コンプレックス）の縁辺部に位置づけられると考えている。
　一方，九州北部より東の地域には，縄文文化の第2の道具である土偶や石棒をまつりの道具とする世界が広がっていた。

2　紀元前7〜前5世紀（図4）

　水田稲作はすでに伊勢湾沿岸地域まで広がっていて，水田稲作文化と縄文文化の境界は遠賀川系土器の分布でみることができる。西からまつりの道具を見

図3 遼寧式青銅器文化複合(紀元前12〜前8世紀)
遼寧式銅剣・朝鮮系磨製石剣・磨製石鏃(忠南松菊里遺跡/韓国国立中央博物館),朝鮮系磨製石剣・石鏃と小壺(福岡市雑餉隈遺跡/複製〈石剣は複元複製〉・国立歴史民俗博物館)

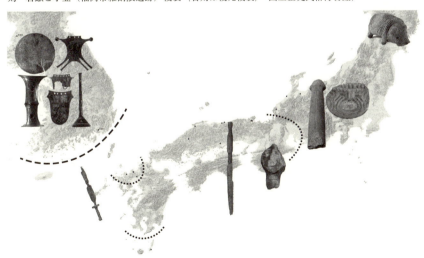

図4 各地のまつりの道具(紀元前7〜前5世紀)
青銅儀器(韓国国立中央博物館),有柄式銅剣を模倣した木剣(比恵遺跡群/福岡市埋蔵文化財センター),木偶(山賀遺跡/〈公財〉大阪府文化財センター),弥生土偶(東奈良遺跡/茨木市立文化財資料館),石棒と土偶(石行遺跡/松本市立考古博物館),クマ形土製品(上杉沢遺跡/複製・国立歴史民俗博物館,原品・二戸市埋蔵文化財センター)

てみる。

　朝鮮半島南部には遼寧式青銅器文化複合に続く朝鮮式青銅器文化複合が広がる。九州北部にはその影響を受けた木製武器が存在する。遼寧式銅剣を知っている人間ではないと作れない木剣であるという指摘があることから青銅製の遼寧式銅剣こそ保有できないが，これらをシンボルとして敬う人たちが九州北部地域には存在したことを物語っている。

　近畿地方では石棒など縄文文化の第2の道具が見られる反面，木の鳥も出現していることから，水田稲作文化と旧文化のせめぎ合いが激しく起こっていた可能性がある。

　中部地方は，土偶や石棒など，まさしく縄文時代の第2の道具の世界である。この地域では紀元前8世紀ごろからアワやキビの栽培が行われていたと考えられている。アワ・キビ栽培は，土偶や石棒のまつりと両立する農耕だったことがうかがえる。

　もっとも北の東北や北海道は，大洞式文化の世界である。

　このように水田稲作が広がるとともに，縄文の第2の道具のまつりが動揺し，水田稲作文化の第2の道具のまつりに切り替わって行くことがわかる。ただ中部地方に見られるようなアワ・キビ栽培では切り替わらないことは，山陰などで見つかっている突帯文土器単純段階におけるアワ・キビ栽培とも共通しているので興味深い。

3　紀元前4〜前3世紀（図5）

　紀元前6世紀ごろから朝鮮半島南部で作られた朝鮮青銅器文化複合の波が九州北部から山口西部に及び，紀元前4世紀中ごろになると朝鮮式武器型青銅器や多鈕細文鏡などの朝鮮半島製の鏡が副葬される有力者の墓が見つかるようになる。最古の王墓と呼ばれる福岡市吉武高木遺跡3号木棺墓では，鏡の下に剣や戈を敷いた状態で見つかっており，朝鮮半島西南部に見られるあり方と同じ副葬の手法が採用されていることがわかる。

　紀元前4世紀には，中部・関東南部地方をのぞく本州全域で水田稲作が始まるが，東北北部では縄文第2の道具である土偶や土版などが伴うなど，西日本には見られないまつりが行われていた可能性がある。

図5 朝鮮式青銅器文化複合（紀元前4〜前3世紀）
大谷里出土一括遺物（韓国国立中央博物館），吉武高木遺跡3号木棺出土品（復元複製・国立歴史民俗博物館），大県出土多紐細文鏡（複製・国立歴史民俗博物館，原品・東京国立博物館），土偶形容器（上田市淵ノ上遺跡／複製・国立歴史民俗博物館，原品・東京国立博物館）

　以上のように，紀元前12世紀ごろから始まる朝鮮半島南部において始まったまつりに関する文化複合体は，一部，九州北部を巻き込んで紀元前3世紀まで継続したことになる。これ以降は，楽浪郡の設置に伴う前漢文化複合が及んでくることになる。

　九州北部以外の地域は，水田稲作の拡散に伴い，次第に弥生的な祭祀が広がっていくが，東北北部に関しては，縄文の第2の道具である土偶や土版が水田稲作に伴うという独自のあり方を示していた。同じ東北でも仙台平野では土偶や土版は伴わないため，東北地方においても稲作とまつりに関しては地域性が存在することがわかる。

4　紀元前1世紀（図6）

　紀元前108年の楽浪郡の設置により，九州北部地域は東アジアの国際社会に本格的に参画することになるとともに，前漢文化複合体の末端に位置づけられることになる。大形の前漢鏡を30枚以上も持つ伊都国王や奴国王を頂点とする階層性ができあがり，墓の副葬品の質と量に反映される。同じく朝鮮半島にもこうした階層性が存在したと考えられるが，考古資料での見え方は異なって

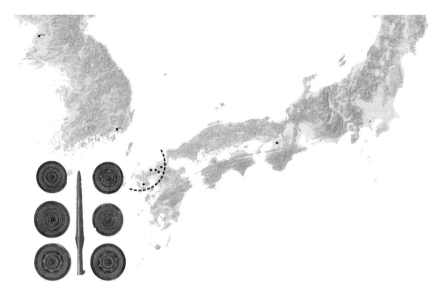

図6　前漢文化複合（紀元前2〜前1世紀）
　福岡県立岩遺跡10号甕棺出土前漢鏡6面・銅矛（複製・国立歴史民俗博物館，原品・飯塚市歴史資料館）

おり，少なくとも大形の前漢鏡を何十枚も副葬する有力者を頂点とするようなあり方は存在しなかった。それはまさしく前漢からみた場合の九州北部と朝鮮半島南部の位置づけの違いに起因するものであった。

　九州北部以外の日本列島には，山陰を中心とする銅剣をシンボルとする祭祀群，近畿・東海・北陸を中心とする銅鐸をシンボルとする祭祀群，瀬戸内を中心とする平形銅剣をシンボルとする祭祀群が存在した。

　関東東北部から東北にかけては水田稲作こそ行っているものの，仙台平野における住居域と墓域の分離を除けば，広域のまつりの状況はまったくわからない。社会の複雑化や政治社会化への動きが基本的に見られない地域である。

　以上のように紀元前1世紀の水田稲作を行っている地域は，前漢文化複合体の末端に位置づけられる九州北部，朝鮮式青銅器文化の発展形式である銅剣，銅鐸分布圏，そして広域祭祀の考古学的証拠が基本的に見られない東北・関東といったグループに分かれていたことがわかる。

5 紀元後1世紀後半（図7）

　これまで1000年以上続いていた大陸文化の最前線が，初めて九州北部よりも東に延びる段階に入る。中原を起点とする後漢文化複合体と，朝鮮半島南部の加耶を起点とする加耶文化複合体である。

　後漢文化複合体は，中国地方の日本海側を中心に近畿北部，北陸まで延びる。その形態は，大形墳墓の造営や，多種多様な鉄器の出土という形であらわれる。これと重複するように，後漢や加耶起源の鉄製刀剣を副葬する文化も波及する。これは，朝鮮半島側の交易起点が勒島から金海に移ったことと無関係ではない。

　金海を起点とする加耶起源の文化は，北陸を経由して中部・関東北部まで及び，鉄製刀剣が墓に副葬されることで顕在化する。

　以上のように，紀元後1世紀後半を過ぎると，西日本の日本海側から北陸，中部・関東北部まで一気に大陸起源の文化圏の東限が拡大することになるのは，朝鮮半島南部の拠点が勒島から金海に移ったことと無関係ではなく，さら

図7　後漢文化複合（1世紀後半）
　大分県上原銅矛（国立歴史民俗博物館），和歌山県荊木2号銅鐸（複製・国立歴史民俗博物館，原品・東京国立博物館），静岡県悪ケ谷銅鐸（複製・国立歴史民俗博物館，原品・東京国立博物館）

弥生長期編年にもとづく時代と文化　　171

に，ルートもこれまでの対馬→壱岐→末廬から，対馬→壱岐→伊都（一大率）への変更と関わっていると考えられる。

したがって，1980～90年代に学界を席巻した，倭国乱によって九州北部から吉備・大和へ朝鮮半島南部へのアクセス権が移ったという説よりも，金海拠点の成立により新たなルートが開拓された結果，アクセス権が多様になったというのが実態に近いのではないだろうか。

1～3世紀の間に金海を中心に倭系遺物の出土が目立つようになるのは，李昌熙がいうような重要度を増した政治体同士の祭祀具の交換も考えられよう〔本書，李昌熙論文参照〕。

V 弥生文化の地理的範囲

1 水田稲作文化の地域性か別の文化なのか

朝鮮半島南部と九州北部の間に存在した1000年以上の関係をふまえて，この問題について考える。

紀元前3世紀の中ごろに中部・関東南部で本格的な水田稲作が始まってから，東北北部で水田稲作が放棄されるまでのおよそ250年もの間，本州・四国・九州全域で水田稲作が行われる。先にもふれたように弥生文化が最大に拡大した段階として捉えるのが一般的である。

しかしIVでまつりの部分に光を当てて見てきたように，1000年以上にわたって継続して大陸の文化複合体の末端に連なっていた九州北部地域の特異性を改めて知ることができた。それでは水田稲作文化として同一の文化としてきた本州・四国・九州の経済的側面と社会的側面は本当に同質なのだろうか。少し詳しく見てみよう（図8）。

まず水田稲作の実態についてである。弥生稲作の特徴の1つにひたすら生産量の増大を追い求めるという点がある。拡大再生産とした項目で，こうした傾向が見られるのは環濠集落が分布する地域である。環濠集落のない東北地方では見ることができない。

農工具を見てみると，仙台平野では機能ごとに分化しており，しかも未製品も見つかっていることから，西日本との共通性もうかがえ，石庖丁の最北限で

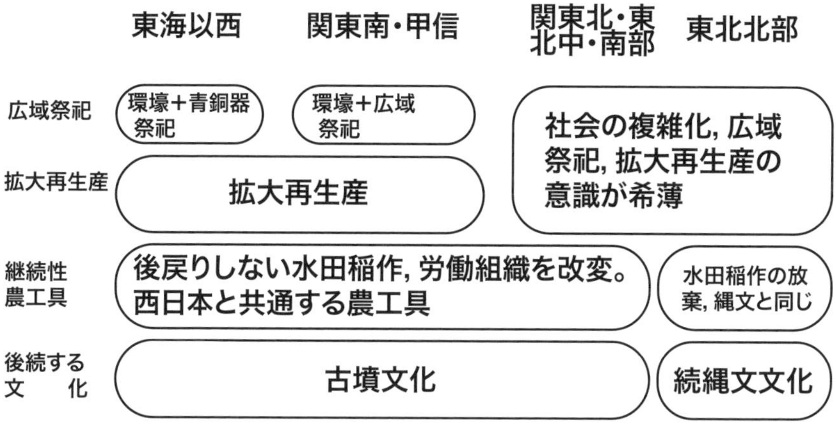

	東海以西	関東南・甲信	関東北・東北中・南部	東北北部
広域祭祀	環濠+青銅器祭祀	環濠+広域祭祀	社会の複雑化,広域祭祀,拡大再生産の意識が希薄	
拡大再生産	拡大再生産			
継続性農工具	後戻りしない水田稲作,労働組織を改変。西日本と共通する農工具			水田稲作の放棄,縄文と同じ
後続する文化	古墳文化			続縄文文化

図8　地域ごとの経済的指標

もある。紀元前3世紀の青森県垂柳(たれやなぎ)遺跡でも，鍬の未製品が1点出土している。樋上昇の見解では北陸地域との類似性が見られることから，日本海ルートでの影響が考えられている。しかし石庖丁はなく，仙台平野とは異なり機能的に分化しているとまではいえない。紀元前4世紀の砂沢遺跡には，木製農具も石庖丁もなく，あるのは縄文以来の剝片石器類だけで，縄文以来の道具でコメを作っていた姿が浮かび上がる。

また剝片石器類の供給体制において東北北部と中部では異なることを林謙作が指摘している〔林1993〕。林によれば，仙台平野では縄文晩期以来の石器の供給体制を解消して再編成しているのに対し，東北北部では縄文後・晩期以来の仕組みを踏襲している。東北北部はすべて縄文時代以来の道具で水田稲作を行ったといってよい。

しかも総合地球環境学研究所・気候適応史プロジェクト代表の中塚武が作成した酸素同位対比変動グラフ（図9）によれば，紀元前4世紀前葉（弥生前期末）の気候は乾燥・温暖という安定した段階にあったにもかかわらず，砂沢の人びとがわずか十数年でコメ作りを止(や)めているので，パイロットファーム的な性格ではなかったかと推測している。

最後に東北北部では数十haもの水田を維持していたにもかかわらず，紀元前1世紀前葉の湿潤・低温局面への転換に伴う大規模な洪水によって水田が埋没したことを契機に農耕自体を止め，その後，古代までの何百年間にわたって

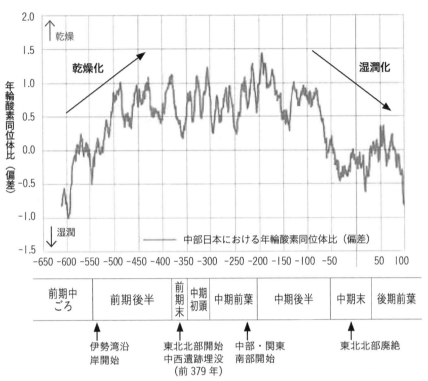

図9 東海地方以東における水田稲作の開始年代と紀元前6世紀〜紀元後1世紀の気候変動〔藤尾2017〕より

この地域では農耕を行わなくなる。つまり1度始めた水田稲作を止めてしまうという，西日本には見られない特徴を持つ。

同じ東北でも仙台平野は，約2000年前に起きた3.11に匹敵する大津波によって水田が流されても，津波の影響を受けなかった高位面で細々と水田稲作を継続し，やがて古墳前期になって脱塩が進んで水田として使えるようになった津波の跡地に水田を拓いて，稲作を行う。1度始めたら止めないという気概を引き継いでいる。

次に社会的側面を見てみよう。環壕集落や方形周溝墓が利根川以西にしかないことは何度もふれてきたとおりである。縄文の墓と弥生の墓との最大の違いは，生活する空間と墓域とが分離していることだが，仙台平野では縄文以来の墓制である再葬墓，土器棺墓，土壙墓が生活域と分離されている。したがって

この点に関してのみは，縄文文化と弥生文化の両方を併せ持っていることがわかる。

その後に続く文化を見てみると仙台平野以南は古墳を造る時代へ転換するが，東北北部には北から続縄文文化が南下してくる。

以上をまとめると，水田稲作文化は利根川（当時は香取の海）を境に1本，仙台平野のある東北中部と北部との間に1本，線を引いて分けることができそうである。このような違いは何に起因しているのであろうか。

2　水田稲作文化の地域性に起因するもの

地域によってこのような違いが出てくるのはなぜであろうか。筆者は，生業全体の中に占める水田稲作の位置づけの違いではないかと予想している。環壕集落を成立させ，社会の複雑化，政治社会化が起こる地域は，コメ作りは食料獲得手段の1つではなく，青銅器文化の生産基盤として導入されたと考えている。紀元前10世紀に九州北部玄界灘沿岸地域に渡ってきた人びと自体が，朝鮮半島南部で遼寧式青銅器文化の生産基盤として水田稲作を位置づけていた人びとであった。こうした情報を含むシステムとして水田稲作を導入した地域が，利根川以西の環壕集落を成立させる地域であったと考える。

水田稲作という集約的な農耕を行うためには，集団の統合を行う必要がある。集団規模を小さくして限られた環境に適応していた縄文後・晩期の人びとは，集団を再編成して水田稲作に取り組むことになった。丘陵寄りのところで集団規模を小さくして暮らしていた，再葬墓を営む人びとが，突然，平野の中央部に出てきて水田稲作を始めたと考えられている関東南部の状況は，まさしくこれを反映している。このような動きを誘発した背景には，ある程度の規模の人びとの移動があると考えている。

これと真逆の状況で水田稲作を行ったのが東北北部の採集狩猟民である。人びとはシステムはおろか，道具さえ，もとから持っている道具で水田稲作を行っている。しかも水田を拓いたのは，縄文以来の居住域に接する可耕地においてであった。剝片石器の供給体制をそのまま継続し，まつりの道具も質も変えなかった人びとである。人びとにとって水田稲作は単なる食料源の1つであったのではないだろうか。

高瀬克範は交換材としてコメを必要としていたために水田稲作を始めたと考える〔高瀬2004〕。よって交換材としての役割を失った時点で稲作は不要になるという意見もある。

中間的な様相を見せるのが仙台平野である。剝片石器の供給体制を再編成し、縄文の第2の道具も用いず、農工具は西日本のものをセットでそのまま受け入れるというやり方は利根川以西地域に近い。その結果は居住域と墓域の分離という弥生的な社会変化をもたらすが、社会の複雑化はここまでであった。環壕集落や方形周溝墓、まつりの道具もはっきりしない水田稲作文化である。3.11に匹敵する大地震と大津波が原因で、被災後、政治社会化の進行にブレーキがかかったのかも知れない。

VI 水田稲作文化の地域性

紀元前4世紀中ごろ以降の第II段階には、社会が複雑化して政治社会化していき、やがて古墳が成立する利根川より西のA地域、水田稲作を継続して社会的・祭祀的な画期がないまま古墳時代へ移行する仙台平野（B）、そして水田稲作を紀元前1世紀で止めて、その後農耕自体を行うことなく、続縄文文化が南下してくる東北北部（C）があることがわかっている。したがって第II段階の水田稲作地帯は、IIA, IIB, IICのあわせて3つの地域にまとめられることがわかる。

本州・四国・九州で水田稲作が行われていた時期、北海道と沖縄諸島には、水田稲作を採用しなかった続縄文文化（IIIA）と貝塚後期文化（IIIB）が存在していたことはよく知られている。図12（179頁）は、紀元前3〜前1世紀における日本列島上の諸文化を図示したものである。水田稲作がもっとも広い範囲で行われていた段階の地域性を示しているが、弥生時代全1200年間、ずっとこの地域性が見られたわけではなく、時期ごとに変動した。ここでは、段階ごとに地域性がどのように変動していったかを見ることにする。

図10は、水田稲作が九州北部で始まってから東海地方で水田稲作が始まるまでの約500年間である。朝鮮半島は青銅器文化前期末〜後期にあたり、遼寧式青銅器文化と紀元前6世紀以降は朝鮮式青銅器文化がすでに始まっている。九州北部から伊勢湾沿岸地域までは水田稲作を生産基盤とする農耕社会が成立

図10　紀元前10世紀〜前5世紀

しており，ほとんどの地域で環壕集落が造られている。図4で見たようなまつりの道具も弥生化している。

　伊勢湾沿岸地域より東の地域は基本的に縄文晩期文化が広がっているが，なかには中部地方のように紀元前8世紀ごろからアワやキビを栽培している地域もある。ただアワ・キビ栽培は縄文的な生業構造の1つにすぎず，アワ・キビ栽培に特化した農耕を行っているわけではない。あくまでも網羅的な生業構造が維持された世界である。まつりの道具も土偶や石棒など縄文の第2の道具を用いたまつりを行っている（図10）。

　紀元前4世紀に入ると西日本は朝鮮半島南部と同じく初期鉄器文化の段階に

図11 紀元前4〜前3世紀

入るとともに，最古の王の墓が出現するなど，社会が複雑化するにつれて，政治社会化への動きを加速する段階に入る。

　東日本では水田稲作が東北北部や中・南部で始まり，北海道は続縄文文化の段階に入る（図11）。東北地方で始まった水田稲作は，いずれも網羅的な生業構造の中で行われたと考えられており，水田稲作に特化した形態ではない〔斎野2011〕。先述したように東北地方の水田稲作は，木製農工具をセットで受け入れ，剝片石器の供給体制を大幅に改変して水田稲作を始めた東北中部と，基本的に伝統的な道具を用い，縄文後・晩期以来の剝片石器の供給体制を解体することもなく，しかも縄文のまつりを継続した東北北部に分かれる。

図12 紀元前3〜前1世紀

　紀元前3世紀の半ばになると中部・関東南部でも水田稲作が始まったことによって，本州・四国・九州の全域で水田稲作が行われるようになる（図12）。朝鮮半島南部は本格的な鉄器文化へと入り，その南端は九州北部にまで達している。九州北部では，朝鮮半島東南部の鉄素材などを入手するための拠点である壱岐原の辻遺跡から対馬を経由して朝鮮半島南部の交易拠点である勒島遺跡に渡る。そうして入手した鍛鉄系の鉄素材をもとに，袋状鉄斧や鉄刃鍬先など，弥生独自の鍛造鉄器を製作（鍛冶）した。

　環濠集落の分布から農耕社会は関東南部まで成立していたと思われ，西日本系の墓制である方形周溝墓も造営される（IB）。

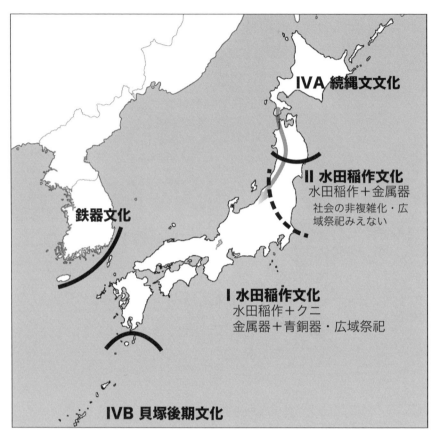

図13　1〜2世紀

　東北北部でも何十haにも及ぶ小区画水田でコメづくりが行われ，前代に見られなかった木製農具もわずかに見られるようになるが，土偶を用いたまつりが存続しているなど，弥生化は水田稲作のレベルにとどまり，社会の複雑化への動きを見ることはできない。そして紀元前1世紀前葉に起きた洪水によって水田が埋没したのを契機に稲作を放棄し，その後，数百年にわたってこの地では水田稲作はおろか，農耕が行われることはなかったと考えられている（III）。

　紀元後の弥生後期に入ると，続縄文文化が南下する東北北部を除いた本州・四国・九州で水田稲作が行われる（図13）。新たな可耕地の開拓に威力を発揮する鉄刃鍬先は依然として九州北部や九州中部にとどまるが，刀子などの小形

図14 3世紀〜古墳時代

の利器は，後期後半ぐらいまでには東北中部でも使われるようになったと考えられている。環濠集落は日本海側を新潟県村上市まで北上し北限となるが，太平洋側は当時海が入り込んでいた香取の海（現在の利根川）を越えることはない。したがって東北中・南部，関東北東部は社会の複雑化や広域祭祀が見えないままである。

　3世紀の半ばに本州・四国・九州の大部分が古墳時代へと移行，朝鮮半島南部はほぼ同じころに三国時代に移行する（図14）。政治社会化や広域祭祀が行われた環濠集落の分布範囲内においては，所定のプロセスを経て古墳が造られるようになるわけだが，東北中・南部だけは，農耕社会化，政治社会化が進行

しないまま古墳時代へと移行する。

　その理由は，鉄器の普及などハードウェアがある一定の水準に達しなくても古墳を造ることができたことに手がかりがある。それは古墳の造営がハードウェアの充足を前提に行われたのではなく，イデオロギーの転換によって行われたからに相違ない。

　以上，本州・四国・九州の全域における水田稲作文化1200年間の流れをまとめるとⅢで設定したⅠ～Ⅲの地域型にまとめることができる。2015年の著書ではそれぞれの地域型が弥生文化かどうかを考えたが，今回は，地域型の設定にとどめることにする。地域型をまとめると以下のようになる。

Ⅰ　水田稲作を選択的な生業構造の中で行い，農耕社会の成立，社会の複雑化や広域祭祀という過程を通じて古墳時代へと移行する地域である。広域の青銅器祭祀を行うⅠAと広域では行わないⅠBに分かれる。

Ⅱ　水田稲作を網羅的な生業構造の中で行うため，農耕社会や広域のまつりが行われた形跡は見られないが，居住域と墓域の分離といったレベルまでは社会の複雑化が進んでいた可能性はある。Ⅰの地域とほぼ同じころに古墳時代へと移行する。木製農工具をセットで受け入れる機会などを通じて，水田稲作の目的や社会のシステムなどに関する知識が入っていた可能性があるが，最後までは達成できなかったというところであろうか。大災害の影響かも知れない。

Ⅲ　Ⅱと違って，水田稲作の目的自体が伝わっておらず，人びとは単なる食料源の1つ，もしくは交換材として水田稲作を網羅的な生業構造の中に受け入れ，少しでも条件や環境が悪くなったら，簡単に放棄したのではないだろうか。

Ⅳ　もとから水田稲作を受け入れず，海の資源に傾斜した北と南の文化である。続縄文文化の人びとは必要なコメや鉄を交易によって本州北部の水田稲作民から得ることができた。しかし紀元前1世紀に東北北部で水田稲作文化が行われなくなると，本州を南下し，遠くは日本海側の北陸まで南下して，目的を達しようとしている。一方，貝塚後期の人びともコメや鉄を入手してはいたが，自ら求めに行くのではなく，九州北部の弥生人が手に入れたがっている南海産巻貝の貝殻を，九州沿岸の海人たちが求めに来た

ときに交換でもらうことにとどまっていた。あくまでも貝殻の消費者である九州北部弥生人の消費欲に委ねられていた点が北とは異なる〔木下2018〕。

VII 時代と文化

　本州・四国・九州の水田稲作文化であるI〜IIIと，朝鮮半島南部の水田稲作文化との違いはどこにあるのだろうか。稲作と畑作の比率の違いや，青銅器文化を構成する青銅器の種類が組み合わせに違いは見られるものの，基本的には朝鮮半島南部が歩んだ道を，Iの地域は歩んでいる。朝鮮半島南部と日本列島の水田稲作文化は，地理的区分だけではなく，利根川以西地域との共通性が高いことがわかる。もちろん，最初は九州北部地域だけであったが，後漢が成立するころまでには，大陸系の文化複合体が関東北部地域まで伸びることによって，共通性を持つ地域となった。

　こうした共通性を持つ反面，弥生後期になると対馬に大量の広形銅矛が埋納されることをもって倭人の意識，ここまでが自分たちの領域であって，ここから先はあっちの世界である，という意識の存在を知ることができる。この背景には，弥生文化が縄文文化の系譜を引くという点に1つの手がかりがあると考えるため，縄文文化の地理的範囲にまで影響が及ぶ話である。

　おそらく，両地域の文化を分けている指標は，まつりや言語など，目に見えないものに求められることが予想されるが，いかんせん，考古学的には把握することが難しい領域である。むしろ考古学的に普遍的な指標である土器でみると，韓国と九州北部の土器が型式学的にもっとも近く，東に行くにつれて韓国の土器との差が大きくなっていくという考古学的事実をみることができる。特に九州西北部に関しては，社会構造や墓制，青銅器祭祀など，無文土器文化にもっとも近い部分もある。

　本稿では，水田稲作という経済的な要素で1つの文化として括っている本州・四国・九州の水田稲作文化を，環濠集落や戦いを指標とする社会的な側面，青銅器祭祀を代表とする広域祭祀を指標とする祭祀的側面の有無や濃淡によっていくつかに分けたが，これ自体については異論は少ない。しかしこれら地域ごとの違いは弥生文化の地域性，多様性として捉える研究者が多い。弥生

文化とは別の文化としてみるのは少数意見である。

　日本の先史時代を生産手段の違いで分けるという唯物史観の立場に立てば，弥生式土器の文化を生産経済段階として，獲得経済である縄文式土器の文化と分けることに意味はあると考える。しかしこれはあくまでも縄文→弥生→古墳と続く地域に適用されるべきで，異なる展開をする東北北部に適用するのは問題であるという考えから，先に定義した「灌漑式水田稲作を選択的な生業構造の中に位置づけて，生産基盤とする農耕社会の形成へと進み，それを維持するための弥生祭祀を行う文化」〔藤尾 2013〕は，今でも有効で，古墳文化へと歴史的発展を遂げる地域にこそ適用されると考える。

参考文献
石川日出志 2010『農耕社会の成立』，岩波新書
木下尚子 2018「先史琉球人の海上移動の動機と文化」『熊本大学文学部論叢』第109号，pp.15-33，熊本大学
斎野裕彦 2011「弥生文化の地域的様相と発展・東北地域」『講座日本の考古学』5 弥生時代（上），pp.430-484，青木書店
佐原真 1975「農耕の開始と階級社会の形成」『岩波講座日本歴史』1 原始および古代，pp.113-182，岩波書店
設楽博己 2014「弥生文化と農耕文化複合」『弥生ってなに?!』国立歴史民俗博物館2014年度企画展図録，pp.108-109
鈴木信 2009「続縄文文化と弥生文化」『弥生時代の考古学』1 弥生文化の輪郭，pp.129-147，同成社
高瀬克範 2004『本州島東北部の弥生社会誌』，六一書房
林謙作 1993「クニのない世界」『みちのくの弥生文化』pp.66-76，大阪府立弥生文化博物館
藤尾慎一郎 2013「弥生文化の輪郭」『国立歴史民俗博物館研究報告』第178集，pp.85-120
藤尾慎一郎 2017「気候適応史プロジェクトと国立歴史民俗博物館の研究・展示活動」『Newsletter』No.16, pp.4-5，総合地球環境学研究所気候適応史プロジェクト
藤本強 1982「総論」『縄文文化の研究』6，pp.4-7，雄山閣出版

森岡秀人 2007「弥生時代の中にみられる画期」『季刊考古学』100, p.51, 雄山閣
山田康弘 2009「縄文文化と弥生文化」『弥生時代の考古学』1 弥生文化の輪郭, pp. 165-183, 同成社

歴博の展示リニューアルと時代区分②

弥生時代のはじまり

藤尾慎一郎

　ここでは，弥生時代がいつから始まったのか，という問題について，相対年代と数値年代の側面から述べてみたい。相対年代とは土器型式，数値年代とは紀元前何世紀という較正暦年代である。そして最後に2019年3月19日にオープンする歴博の総合展示第1室（先史・古代）における弥生時代のはじまりに関する展示について紹介する。

図1　最古の水田（板付遺跡／福岡市埋蔵文化財センター）

相対年代

　弥生時代は，日本列島で水田稲作が始まった時代である。もっとも古い水田は，福岡市博多区板付遺跡で見つかっていて，紀元前10世紀後半に比定されている。板付遺跡で見つかった水田に伴った土器は，それまで縄文晩期末に比定されていた突帯文土器であったので，当初は，縄文晩期の水田，水田稲作が縄文時代までさかのぼると報道された。

　しかし，板付遺跡の水田や農工具類は，それまで知られていた弥生時代のものと比べても遜色のない定型化したものであったため，佐原真が，水田の時期である突帯

図2　突帯文土器（夜臼Ⅱa式）（福岡市埋蔵文化財センター）

図3　板付Ⅰ式土器（福岡市埋蔵文化財センター）

文土器の段階を弥生時代に含めて，弥生先Ⅰ期と位置づけたのである。今の弥生早期に相当する。さらに佐原は，弥生時代の土器が弥生土器であるとして，それまで縄文土器であった突帯文土器も弥生土器の中に組み入れる。それまでは弥生土器の時代を弥生時代と定義していたため，水田稲作の時代を弥生時代とすることは大きな定義変更だったわけである。

　この定義変更が行われた1980年代初頭は，まさに時代区分論争が盛んに行われていた時期で，特に弥生時代のはじまりをめぐっては，弥生土器の時代が弥生時代であるとする主に九州の考古学者と，水田稲作の時代が弥生時代であ

図 4　最古の環壕集落（那珂遺跡／福岡市埋蔵文化財センター）

るとする主に近畿の考古学者との間で，活発な議論が行われた。その論点は，まさに時代区分の原則にあった。

　近藤義郎の原則は，その時代のもっとも重要な指標が出現し，途切れることなく，その後も一般化していく，というものである。弥生時代の場合の重要な指標は水田稲作なので，水田稲作が最初に出現した板付遺跡以降，途切れることなく水田稲作が続く弥生時代が始まった，ということになる〔近藤 1985〕。

　これに対して水田稲作が実際に行われていたのかどうかを判断するためには，水田跡が存在するかどうかが決め手になるが，見つかりにくい水田跡は考古資料としては土器ほど普遍的でなかった。また水田稲作が始まり農耕社会が成立してからを弥生時代と考える研究者もいた。農耕社会成立の指標としては，戦いのはじまり，環壕集落の出現，もしくは，従来の板付 I 式土器が充てられた。これはまさに水田稲作が板付遺跡だけで始まっていただけでは駄目で，ある程度面的に広まってから弥生時代と考えた方がよいという考えも含まれるため，西日本全体まで広がる前期中ごろを弥生時代のはじまりと見なす研究者もいた。

　これらの議論を整理すると，水田稲作がどこか 1 ヵ所ででも始まった時期とするか，普及してある程度面的に広まった時期とするのか，という 2 つに分か

れることがわかる。もちろん，途中で途切れてはいけないので，もし縄文晩期に水田跡が見つかっても，板付遺跡までの間に断絶が認められる間は，弥生時代のはじまりは弥生早期で動かないことになる。

現在，学界でも弥生時代のはじまりを水田稲作の開始に求める考えが大勢を占めており，歴博の展示リニューアルでも水田稲作が始まった時点をもって弥生時代とした。

数値年代

水田稲作が始まった年代をめぐる議論には3つの画期がある。1960年代には，弥生最古の土器に伴うと考えられた炭化米や貝の炭素14年代（β法）の測定結果を根拠に，紀元前300年に始まったと考えられていたが，先述した板付遺跡で突帯文土器に伴う水田跡の発見によって弥生早期が設定されると，約100年さかのぼらせた紀元前5〜前4世紀が開始年代とされる。なぜ100年かというと，当時，土器一型式が約30〜50年の存続期間を持つと考えられていたため，夜臼I式と夜臼IIa式という2つの土器型式分，古くする必要があり，最大100年，さかのぼらせたのである。

図5 最古の戦死者（新町遺跡／糸島市立伊都国歴史博物館）

2003年になると，土器付着炭化物をAMS-炭素14年代測定した結果をもとに，歴博が紀元前10世紀まで水田稲作がさかのぼる可能性があると発表して，その後，紀元前10世紀後半と絞り込んだ。

　それまでの考えである紀元前5世紀から500年も古くなるという発表に対して，いろいろな反論が行われたが，現在では歴博説の他に，歴博が主張する年代ほどは古くはならないが，紀元前800年まではさかのぼるという意見が増えている。自然科学的な方法に根拠を持つ歴博説に対して，紀元前800年説は交差年代法という考古学的な方法に根拠を持つため，考古学的な現状では，紀元前800年までしかさかのぼらないというのが正確な言い方である。逆に言うと，新たな考古資料が見つかればさかのぼる可能性までを否定しているわけではないことになる。

歴博総合展示第1展示室（先史・古代）における弥生時代のはじまり

　今回のリニューアルで弥生時代を扱っているのは，第3テーマ「水田稲作のはじまり」である。ただし今回の特徴は部屋の区切りと時代の始まりが一致していないことである。本来であれば，部屋ごとに時代がきれいに分かれている方が，観客にとってわかりやすいが，今回は以下の理由から一致しないことになった。

　先に述べたように水田稲作のはじまりが約500年さかのぼったことで，次のような問題が顕在化した。もともと，九州北部に始まった水田稲作が東北北部まで広がるのに200年以上かかるため，九州北部で水田稲作が始まってからの200年は，東北北部において縄文晩期文化が続いていたことになる。それが600年に延びることになったわけである。つまり部屋の区切りと時代のはじまりが一致していないのは，弥生時代が始まってから約600年間は縄文文化が継続している状況を，どのように展示すればわかりやすいのかを考えた結果なのである。

　縄文時代を扱った第2テーマは，紀元前4世紀の縄文晩期末までを展示しているが，紀元前4世紀の九州北部は弥生前期末に相当し，鉄器が登場して，青

図6　前10世紀〜前6世紀の諸文化

銅器のまつりが始まるころにあたる。したがって展示場では，第2テーマが紀元前4世紀の縄文晩期末で終わったあと，すぐに弥生早期の前10世紀の展示を行うのも唐突であるため，第3テーマの部屋の冒頭において，紀元前13世紀の縄文晩期と，朝鮮半島青銅器文化が始まる紀元前15世紀から展示することにして，紀元前2千年紀終わりの西日本と朝鮮半島の暮らしを比較しながら，第2テーマとの間に数百年の過渡期を設けることとしたのである。

　弥生時代が始まっても縄文文化と弥生文化が600年も併行する段階，これは

室町時代から現代までの長さに相当する長い時間である。展示場ではこの長い過渡期をイメージしてもらうためのガイダンス映像を見てもらうべく，80インチのモニターを部屋の入り口に用意した。紀元前15世紀から紀元前4世紀までの約1000年間を，大陸，西日本，東日本，北海道・沖縄の代表的な遺跡や遺物で，時間をおって視ることができる。紀元前15世紀の北海道は？　西日本は？と，同時代の北から南までを視ることができるため，時代と時代の過渡期をイメージしていただければ幸いである。

参考文献
近藤義郎 1985「時代区分の諸問題」『考古学研究』32-2，pp. 23-33

弥生時代から古墳時代へ
――「東アジア墳墓文化」の提唱――

松 木 武 彦

はじめに

　弥生時代から古墳時代への移行は，日本列島の歴史上，どのような意味をもっているのであろうか。またそれは，日本史のみならず，世界史の一部としてどのように評価できるのであろうか。

　本稿では，弥生時代からの移行に焦点を当てつつ，日本列島史・東アジア史・世界史という多層的な見方で，より深く立体的な古墳時代の歴史的評価を目指したい。とりわけ，世界でも屈指の規模と密度で先史モニュメントが築造された点で際立つ日本列島古墳時代の特性が，いかなる要因とメカニズムで生み出されたのか。この点の考察を抜きに，日本列島の歴史や文化を理解することは不可能であろう。それを目当てにして，以下では次の4つの作業を行う。

　第1に，弥生時代から古墳時代への移行が，考古資料に反映された変化プロセスとしてどのようにみえるかを示しなおす。古墳そのものの出現過程だけではなく，それと関連する物質文化の世界がどのように変わるのかを跡づける。

　第2に，日本列島をじかに取り巻く東アジアの世界で，同じ時期にどのような歴史的動態がみられるのかを確かめる。弥生時代から古墳時代への移行という現象が，列島内部の脈絡だけではとらえきれない，グローバルな歴史動態の一部であったことを明らかにする。

　第3として，ユーラシア大陸全体に視角を広げ，より長いスパンの世界史の展開の中で，そのような歴史動態がどのように生起したのかを眺めてみる。

　最後に第4として，そうした世界的歴史動態の中に弥生時代と古墳時代をあらためて置き，それぞれの空間的・時間的枠組みを再認識することによって，前者から後者への移行が，世界史上どんな意味をもっていたのかを考えてみよ

う。

I 考古資料からみた弥生時代から古墳時代への移行

1 墳墓の変遷

　古墳時代は，もともと「高塚式」の墳墓を築いた時代として設定されたが，1970年代以降，それに先立つ弥生時代にも高い墳丘をもった墓があることが明らかとなった。その当時の議論として，それらもまた「古墳」と呼ぶべきとする説〔間壁・間壁1977，石野1983〕と，古墳とは区別するべきとする説〔近藤1977〕とが対立した。問題となった弥生時代の大型墳丘墓の代表例としては，島根県西谷3号を典型とする山陰地方の四隅突出型墳丘墓や，円形の2方向に突出部をもった岡山県楯築などがある。

　これらと古墳との区別を主張する近藤義郎は，両者を比べてその違いを次のように述べた。第1に，古墳は，弥生時代の墳丘墓の地域性を断ち切った統一性・普遍性をもつ。第2に，規模や副葬品の量を飛躍的に拡大させた大型前方後円墳を頂点とする著しい格差が，古墳どうしのあいだに生まれる。このような現象の背景として，近藤は，広い範囲の有力者同士が共通の儀礼のもとに結びつきながら互いの格差を表す秩序ができたことを想定し，そこに古墳の始まりをみた。最古の大型前方後円墳は奈良県の箸墓古墳で，この秩序の中心に大和の勢力が立ったことも明示した。以後，箸墓以降のすべての墳丘墓を「古墳」——前方後円墳・前方後方墳・円墳・方墳——と呼び，それより前のものは「墳丘墓」や「弥生墳丘墓」などとして古墳に含めないという研究枠組みと，箸墓の出現をもって古墳時代の開始とする時代区分とがほぼ共有された。

　その後，型式学的には箸墓に先行する，前方部の短小な前方後円形の墳丘墓の存在が明らかになり，普遍性と格差とをはらんだ墳墓の広域展開が，大和を中心にして箸墓以前に成立した可能性が指摘された〔寺澤1988〕。「纒向型前方後円墳」と呼ばれるこの一群の出現時期，とくに箸墓との先後関係をめぐっては，年代的にも先行するという考えと，箸墓の築造年代に近いとみる見解とがある。

　いっぽう，箸墓の出現した後にも，きわめて強い個性をもち，統一性・普遍

性の点でこれまでの定義の再検討を要する，地域様式の古墳が存在することが強調された〔北條2000〕。もっとも端的な例として，前方部をもたない長方形を呈し，短辺と平行する方向に主埋葬施設を配するなどの点で在地の弥生墳丘墓の特徴を残した出雲東部の大型方墳があげられる。積石で築かれた墳丘，しゃもじの柄のような形をした低い前方部，主軸に斜交して東西を指向する主埋葬施設などの明確な個性を共有する讃岐平野の前方後円墳（「讃岐型前方後円墳」）〔北條1999〕もその典型の1つであるし，東日本により高い密度で分布する前方後方墳も，巨視的にみればその例に含まれよう。弥生墳丘墓の特徴を引きずるかのようなこうした地域色を最終的に打ち払って，大和と同じ様式の前方後円墳が広く築かれるようになるのは，箸墓の出現をかなり下ってからのことである。

　以上をまとめると，墳墓からみた古墳時代への移行は，(1) 山陰や岡山などの大型墳丘墓の出現，(2) 纒向型前方後円墳の出現，(3) 箸墓の出現，(4) 地域色の最終的払拭と前方後円墳の全土的展開，という4つの段階を踏んだことになる。放射性炭素年代法や年輪年代法をもとにした最近の実年代測定の成果によると，(1) は2世紀中頃～後半，(2) は3世紀前半～中頃，(3) は3世紀中頃，(4) は4世紀中頃～後半のことと考えられる。

　なお，上記のような一部の大型墳墓の展開とは別に，絶対多数を占める一般層の墓域に重要な変化が生じたことが，近年明らかになってきた。西日本の弥生時代社会に通有の，甕棺や木棺がたくさん密集する集塊状の墓域が，弥生時代から古墳時代への移行とともにほぼ消え去るのである。これら集塊状墓域は，墳丘をもたない場合と，1つまたは複数の墳丘にまたがって広がる場合とがあるが，いずれの場合も，纒向型前方後円墳が現れた3世紀前半の前後に，その営みが止む。そして，多くの例において，営みの停止とほぼ同時かそのすぐあと，同じ場所あるいは近傍に小さな墳丘墓群が現れる。その多くは方形を基調として，周溝や低い墳丘をもち，その中央におのおの1基ないしは2～4基ほどの少数の棺を設けている。そこに残された人骨の形質（主として歯）を調べた研究からは，1基の墳丘に葬られた少数の人たちの間にしばしば血縁関係が想定されるので，その人たちとは，キョウダイと思しき最小の血縁単位であった可能性が高い〔田中1995〕。

集塊状墓域が多数の個別墓（個人ないしは個人とそのキョウダイが葬られた墳丘墓を，以下このように呼ぶ）へと分割されるこの動きは，大きな共同体主体から，個人やキョウダイといった個別の単位主体へと，造墓の原理が大きく転換したことを示している。もとより古墳というものは，個人や，それにごく近しい少数の人たちを主体とする墓という点では，本質として個別墓である。集塊状墓域から個別墓へというこの造墓原理の転換こそが，もっとも底流をなす基礎的な変化として，古墳出現の，ひいては古墳時代開始の前提になったと理解すべきであろう。

ただし，このような鮮やかな造墓原理の転換が認められるのは，もともと集塊状墓域が発達していた西日本のみであり，弥生時代から個別墓（1基ないし少数の棺をいれた方形周溝墓）が主流であった東日本では，この転換が認められず，古墳の出現過程は連続的である。むしろ，東日本的な造墓原理が西日本に広まったことが古墳出現の前提となったようにもみえる。

2　集落の動向

弥生時代から古墳時代への移行過程は，主として，いま述べたような墳墓の推移を軸に考えられてきたが，それに併行する集落の変化に注意をおよぼした研究も，少しながら存在した。1980年代には，古墳の出現と軌を一にして，弥生時代特有の集落形態であった環濠集落が解体することを都出比呂志が指摘し，その背景として，「首長」の地位が一般層から隔絶することにより，防御や武力も独占するようになるという階層的な進展を考えた〔都出1983〕。その後，環濠集落の解体には地域による時間差も著しいことが明らかになったが，大局的にみると，環濠集落は古墳と併存せず，その出現とともにほぼ消え去ることは確かである。

環濠集落が解体した後，それに代わって出てくる古墳時代の大型集落がどんなものであったのかについての重要な知見を提供したのは，奈良盆地東南部の纒向遺跡の調査であった。纒向の集落は，奈良盆地最大の弥生環濠集落であった南西方約4kmの唐古・鍵遺跡が衰退するのとほぼ入れ替わるかのように，やや高い山裾で本格的な形成が始まった。その時期は，「庄内式」と呼ばれる，弥生土器と土師器（古墳時代の土器）との間の過渡的土器様式のうちの古

相の段階で，その新相の段階から，箸墓出現期の土器様式である「布留0式」の段階にかけて拡大し，南北約2km・東西約1.5kmの広がりをもつ大集落となった。ただし，環濠はない。

　この遺跡の性格を示す大きな特徴は，纒向型前方後円墳から箸墓へと続く有力者の墳墓の造営，大型建物，運河のような大溝，祭祀土坑など，ふつうの農村とは一線を画した政治的・宗教的な中心性をうかがわせることである。さらに，最大で全体の15％を占める他地域系の土器の存在とその故地からみて，東海・北陸・山陰・瀬戸内などから多くの人々やモノが集まるという，経済的な中心性を備えていたことも明らかになった。

　纒向と同じような，環濠をもたない大集落の出現は，九州北部の玄界灘沿岸や，瀬戸内の岡山平野など，奈良盆地以外の主要な地域においても認められる。福岡の比恵・那珂遺跡には「居館」や「街路」と呼ばれる遺構があり，その街路に面するように，纒向型前方後円墳の那珂八幡古墳が築かれている。岡山の足守川(あしもり)流域遺跡群は，楯築やそれに続く鯉喰(こいくい)神社などの墳丘墓群を仰ぎつつ，早くから大規模な集落群となった。山陰や四国などの他地域系の土器もみられ，纒向と似た中心性を備えつつあったことがうかがえる。また，中心性の評価などはこれからの課題であるが，東京湾沿岸など，東日本においても環濠をもたない大集落が並び立つようすが明らかになってきた。

　以上をまとめて，弥生時代から古墳時代への移行を集落であとづけると，まず，弥生時代に特有であった環濠集落が，早いところでは中期末〜後期初頭に当たる紀元前後になくなり始め，3世紀前半を前後する時期には最終的に衰滅してしまう。それに代わるように，環濠をもたない大集落が，奈良盆地の纒向を最大の核として，列島の主要な地域に現れる。このような各地の大集住を結節点として，他地域系土器の流れにうかがえるような人々の遠距離移動や物の広域流通が，にわかに活発になったと考えられる。こうした新しい広域の経済網に立脚して，弥生時代とは異なる古墳時代の社会が編成されていった可能性が高い。

3　人工物のパターン変化

　土器・石器・金属器などの遺物と，住居・墓などの遺構からなる人工物は，

「貯める」「煮る」「切る」あるいは「住む」「遺骸を埋める」などといった物理的な機能だけではなく，形や大きさや色彩を通じて人々の感情や意識を呼び起こすという心理的な機能によって，物理的機能とはまた別の社会的役割を，それぞれに果たしている。たとえば，煮炊きの道具でありながら複雑な形態と文様を発展させた盛期の縄文土器は，煮炊き具としての役割もさることながら，それとはまた別に，見る者に独特の感興や認識を呼び起こすことによって，社会関係を生成・維持するための媒体として働いたと考えられる。どんな人工物のどの部分が，社会のいかなる部分をいかなるやり方で反映し，代弁し，そうするべく意味づけられていたのか。このような人工物の認知体系やその変化の道筋をあとづけることで，その社会の特性や変化の過程にせまることができる。

　こうした観点からみると，弥生時代から古墳時代への移行期は，人工物の認知体系に，きわめて急激な変化が生じた時期ということができる。青銅製祭器の消滅と大型の墳墓（古墳）の出現という従来から注目を集めてきた事象のほかに，端的な動きとして，1つには土器の無文化と地域色の減退，いま1つには象徴的器物の爆発的展開があげられる。

　土器の無文化，すなわち日常の土器が有文から無文へと変化する動きは，先史社会から原史社会への移行，言いかえれば集団主導と平等原理の社会から個人主導の階層的な政治社会へという推移にしたがって，人類史上かなり普遍的に認められる現象である〔松木2016〕。日本列島では，土器の無文化は弥生時代前半の九州北部でまず顕在化し，それより東の地域では，弥生時代の後期に入ってから進んだ。古墳時代への移行とともに，祭祀用の特別な土器も含めてほぼすべてが無文化し，形態も物理的機能に沿って器種の分化が進み，簡素なものとなった。弥生時代には，文様や，物理的機能にはあまり関係しない形態の細部に盛り込まれていた著しい地域色が，いま述べたような無文化や形態の簡素化とともに，古墳時代にはほぼ消失した。

　土器の文様や細部の形態の凝りには，それを共有する集団や地域のアイデンティティが託されていたと考えられる。言いかえれば，炊事具や供膳具としての物理的機能のほか，集団や地域のまとまりをもたらす人間関係を維持し，強化するという心理的機能をもって社会的に意味づけられていた土器が，古墳時

代への移行とともに後者の機能を失い，人工物の認知体系の中での位置づけにシフトが起こったと考えられるのである。

　反対に，武器や装身具などのように，古墳時代に入る頃から心理的機能を強めるべく，形や質感にさまざまな凝りを盛り込まれる器物の一群もある。たとえば，鉄や青銅で作られる鏃（矢尻）は，弥生時代には簡素な実用的形態でヴァラエティも少なかったが，古墳時代に入る頃には，幾何学的平面をもった扁平大型のもの，多面体状に磨き上げられたものなど，機能とは関係のないさまざまな形へと爆発的な分化をみせる。その中には，鏡と同じ精良な青銅原料でとくに丁寧に鋳造したものもあるし，少し後には緑色石材（碧玉）で作ったものも出てくる。緑色石材は，玉杖や腕輪など，ほかの器物の材料としても多用され，とくに腕輪は，弥生時代の貝製品を祖型として，さまざまな種類のものが創り出された。鏡もまた，古墳時代に入る頃，中国からたくさんの舶載品が持ち込まれ，それをモデルにして多種多様の列島製品が案出された。

　古墳時代への移行とともに爆発的に展開したこれら象徴的器物のほとんどは，古墳の副葬品として出土する点から，有力な個人の持ち物として彼ら彼女らの間を流通し，それら個人間の関係を強めるとともに，それを持つ人の地位を演出するという社会的役割をもたされたものと考えられる。土器にあれほど強く込められていた，集団のまとまりを強化する社会的役割が失われたかたわらで，個人の関係や地位を強化する社会的役割をもった器物が爆発的展開をとげたのである。

　このように考えると，古墳時代への移行とともに生じた人工物認知体系の急激な変化とは，青銅製祭器，環濠集落，集塊状墓域，土器の地域色などが演出する物質世界から，前方後円墳を頂点とする個別墓の秩序，その被葬者の間を飛び交う各種象徴的器物，環濠のない大集落，地域色のない無文の土器などが演出する物質世界へと，人工物が織りなす世界が大きく造り替えられたことを示すといえる。社会との関係をみると，前者の物質世界は，いずれも個人や個別の血縁単位が埋没した大きな集団や地域社会のアイデンティティを盛り込んだ世界であったのに対し，後者はそれが後退し，個人や個別の血縁単位のアイデンティティを前面に演出する世界である。

　このような物質世界の大転換は，はたしていかなる時に起こりうるのであろ

うか。日本列島史上でこれに比べられるような大転換を探せば，明治維新にともなって西洋起源の建築やインフラが景観を支配するようになった近代初期などが想起される。古典理論に従えば，物質世界のような「上部構造」は，「下部構造」の変化に導かれて内在的かつ漸進的に移り変わるべきであろうが，実際には，近代初期の日本の例からも類推されるように，外部との交渉や接触に動かされた人々の積極的な選択によって，急速に造り替えられる場合がある。では，弥生時代から古墳時代にいたるこのような物質世界の激しい造り替えを導いた動因とは何だったのであろうか。

II 「東アジア墳墓文化」の形成

　日本列島だけではなく，その外部も含めて，古墳時代への移行期にみられた物質世界の大転換を導いた動因をさがす際に重要なのは，朝鮮半島など東アジア全体の動向である。注目すべきことに，朝鮮半島においても，日本列島と併行して，個人や個別血縁単位を主体とする造墓原理が顕在化して，それにもとづく墳墓の大型化や厚葬化が認められる。

　このような造墓原理の顕在化が早くからみられるのは高句麗で，中央に1基のみの埋葬をもった積石の墳丘が，遅くとも紀元後2世紀に現れる。3世紀に入ると，これらは大型化して，石を組んで方形の基壇を重ねた「階梯式積石塚」へと発達する。その中の最大級のものは，高句麗王墓として，以後5世紀にかけて代を重ねて営まれた。その近傍には，王を支える人々のものとみられる小型の階梯式積石塚がたくさん築かれ，日本列島の古墳とよく似た階層秩序が表された。

　百済・新羅や加耶などが勃興する朝鮮半島の中部以南でも，紀元後になると，それまでの集塊状の木棺群に代わって個別墓が発達した。半島の西海岸から南西端の栄山江（えいざんこう）流域にかけて発達した個別墓は，日本列島の方形周溝墓と同じように周囲に溝を巡らせた低い墳丘墓で，それぞれが中央に1〜数基の棺をもちながら群をなしている。

　百済の初期の本拠地となったソウル付近では，このような個別墓が，3世紀中頃にはさらに発展して葺石をもつようになり，大きなものはさしわたしが30mにもおよぶようになる。4世紀に入ると，高句麗の階梯式積石塚が伝わ

り，百済王のような最上層の墓として営まれた。積石の墳丘墓は，漢江上流域などの内陸部でも3世紀以降に発達し，階梯構造はもたないけれども，一辺の長さが20mにも達する例が現れる。栄山江流域の墳丘墓も，それまでは方形を基調とした小さいものであったが，3世紀の後半に，この地域独特の梯形墳丘墓へと変化して大型化した。

いっぽう東南部では，楽浪に起源をもつとみられる木槨墓が，2世紀以降に伝わってきた。大きな墳丘はもたないが，木槨の長さはときに10m近くにもなり，鉄器と土器を主としたきわめて多くの品々を副葬し，厚葬化が著しい。後に新羅の領域となる地方では，このような木槨墓が，副葬品専用の「副槨」を備えた「新羅式木槨墓」として3世紀後半に定型化し，最上層の墓として発展した。その後，4世紀後半には，木槨を積石で覆った後に土を盛って大規模な墳丘を築く「積石木槨墳」が成立し，5世紀にかけて新羅王の墓として大型化した。

なお，楽浪を起源として朝鮮半島を南のほうへと伝わった木槨墓が，さらに海を越えて日本列島に達したものが，先に古墳時代への移行の第1段階と位置づけた，山陰や岡山などの2世紀の大型墳丘墓の木槨であることが指摘されている〔高久2011〕。この木槨が，纒向型前方後円墳であるホケノ山古墳で知られる「石囲い木槨」をへて，初期の古墳の中心埋葬として定型化される竪穴式石槨につながることも明らかになっている。そうであるとすれば，日本列島の古墳の出現過程もまた，上記のように2世紀から3世紀にかけて朝鮮半島の各地で同様に生じた個別墓の充実・拡大の過程と根を1つにした事象とみなすべきであろう。

両地域の墳墓は，その後4世紀から6世紀にかけて軌を一にして発展しており，その中で，副葬品の流通や，墳丘・埋葬施設の伝播などの相互交流が何度も繰り返され，7世紀を迎える頃に同じように終息を迎えた。こうしたことから，朝鮮半島の墳墓と日本列島の古墳の出現と展開は，おおむね紀元後の2世紀から6世紀にかけて，中国に隣接するアジア東縁部一帯で生起した同一の歴史事象に属することと理解しなければならない。この歴史事象を世界史的にとらえて「東アジア墳墓文化」と称することにしたい。

東アジア墳墓文化は，共同性よりも個人の主導によって集団の存続をはかる

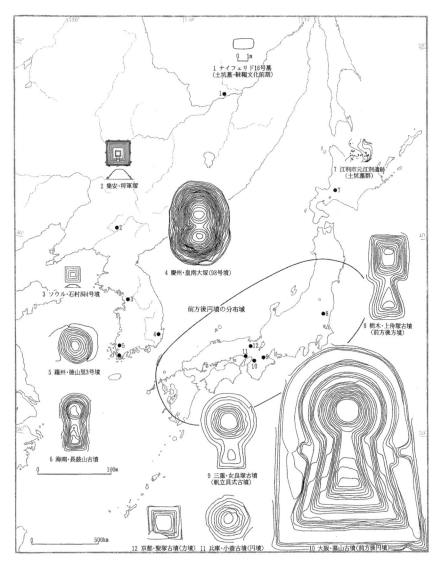

図1　東アジア墳墓文化の構図〔新納他1992〕

社会が織りなす物質世界であり，個人のアイデンティティを前面に出す個別墓の築造と，それによる地位の表示が，人々の認知や行動に大きな比重を占める社会の形であった。このような文化や社会の形が，まずは中国に接する朝鮮半

島で旧い文化や社会を淘汰しつつ南へ広がり，海を越えて日本列島をも包み込むという歴史動態が，2世紀以降に生じたのである。

III 世界史の中の東アジア墳墓文化

「東アジア墳墓文化」のもっとも目立った指標は，それが広がる各地域の王の墓として大型化をとげた墳丘墓である。王墓を頂点とする墳丘墓は，個人が前面に出た階層化社会のモニュメントとして世界史上のさまざまな地域や時期にまたがって展開した。このような墳丘墓の展開史のなかに，東アジア墳墓文化はどのように位置づけられるのであろうか。

王墓を頂点とする墳丘墓が最初に巨大化したのは，紀元前3千年紀のアフリカ大陸・ナイル川流域のエジプト文明であった。その中で最大のクフ王のピラミッドは，一辺230m，高さ146.5m（創建時の推定）である。ただ，墳丘墓展開の全史からみると，エジプトのピラミッドはそれより後，アフリカを越えて大きな広がりをもつことはなかった。

長い展開の直接の始まりとなった墳丘墓は，紀元前3千年紀のユーラシア大陸中央部で発生した。材木などで組んだ墓室を土や石の墳丘で覆ったもので，「クルガン」と呼ばれている。クルガンに由来する墳丘墓は，その後ユーラシアの東西に伝わっていき，各地で王や有力者の墓として大型化や荘厳化をとげた。もっとも著しいのはアナトリアで，時期が下って紀元前1千年紀の中頃になると，径300m・高さ50mを超える超大型の墳丘墓が現れる〔大村2018〕。

ヨーロッパ北西部では，紀元前3千年紀前半から始まる青銅器時代に，金属器を握ることで力をもった有力者たちが「ラウンド・バロウ」という墳丘墓を築く。これらの墳丘墓は，紀元前1千年紀初頭に鉄器時代が始まると，ブリテン島のように衰退するところもあるが，現在のドイツを中心とする大陸ヨーロッパではさらに大きく発達し，いわゆる「ケルト」の王侯貴族の墓として盛行した〔クノフ2018〕。これらは，材木で組んだ墓室を石と土の墳丘を覆うという点で，クルガンの特徴を保っているが，直接的な影響を受けたものであるか否かについては議論がある。

いっぽう，ユーラシアの東方に広まったものは，モンゴルなどで盛行したが〔林2018〕，これらが，戦国～秦・漢代に発達する中国の皇帝陵や王侯墓にじか

につながったかどうかは明らかでない。クルガンの平面が円形を基調とするのに対し，中国の皇帝陵や王侯墓は前漢代まで方形に造られる点は，その独自性を示していよう。しかし，地表や地下に埋葬施設や副次施設を造り，その上に墳丘を盛るという構造をもつ点では，大きくみて，クルガンなどに起源するユーラシア系の墳丘墓の一端に，中国の皇帝陵や王侯貴族墓もまた位置づけられる可能性が高い。

朝鮮半島から日本列島にかけて紀元後2～6世紀に発達した東アジア墳墓文化は，楽浪などを媒介に，上のような中国の皇帝陵や王侯墓の影響を受けて現れたものである。後漢が衰退し，皇帝や王侯のための大きな墳丘墓を築く風が中国では薄まるのと入れ替わるように，その東方の縁辺部で最後の発達をみせたユーラシア系の墳丘墓築造が，東アジア墳墓文化であったということができる。

IV　弥生時代と古墳時代の世界史的枠組み

秦・漢と続いてきた中国の古代帝国は，それを中心とする大きな世界システムを形成した。弥生時代の日本列島は，この中国帝国の古代世界システムの末端に取り込まれ，その中心にもっとも近い列島西端の九州北部が文明の窓口となって，列島社会の中枢を形づくっていた。いっぽう，そこから東へ向かってシステムの中心から離れれば離れるほど，金属器の普及は遅く，有文の土器がいつまでも使われるなど，古い物質世界が造り替えられずに残った。弥生時代の日本列島は，中国帝国の古代世界システムが生み出した西高東低の文化格差がきわめて著しく，西部と東部とが「弥生文化」としてひとくくりにできるような一体性をもっていたとはみなしがたい。「弥生文化」とは，後世の国民国家日本の領域を過去に投影した幻にほかならないのである〔松木2016〕。

東アジア墳墓文化は，2世紀に入って漢が衰退し，それまでの世界システムが収縮・後退した縁辺部で勃興した，新しいシステムとみなすことができる。ちょうど同じ頃，ユーラシア大陸の反対側に当たるヨーロッパでも，ローマの古代世界システムが崩れ始め，周辺にいた民族集団が，国家形成に向けて競争しながらさまざまな動きをみせるようになっていた。ブリテン島では，そうした民族集団の間に個別墓築造の風が復活し，ノーフォーク州のサットン・フー

に代表されるような王墓を営んだ。このことは，東アジア墳墓文化とほぼ同じ歴史的脈絡に根ざした動きとして興味深い。ちなみに，世界史的視点では，この段階は古代から中世への移行期ととらえられることが多い。日本列島史を世界史として把握しようとするのであれば，古代世界システムの崩壊と東アジア墳墓文化の勃興という東アジアの歴史的動態の中で生起した弥生時代から古墳時代への移行は，古代から中世への推移として理解すべきではあるまいか。

いずれにしても，中国帝国の古代世界システムの崩壊にともない，旧来の秩序から解き放たれた朝鮮半島と日本列島の諸社会が，東アジアでの経済的・政治的な生き残りと優位を目指して新たな競争を始めたことはうたがいない。このような環境においては，共同性よりも個人の主導による階層的で軍事的集約度の高い社会のほうが，よりよく適応して生き残る確率が高かったであろう。そうした可能性を意識して，半島や列島の多くの社会は，たがいに影響を与え合い模倣を繰り返しながら，王墓を頂点に個別墓を築いて個人の地位やリーダーシップを演出する物質世界を作り上げ，そのことによって新しい社会を織りなす過程に入ったと考えられる。この動きの日本列島での表れが，世界史的にみたときの，弥生時代から古墳時代への移行であった。

参考文献

石野博信 1983「古墳出現期の具体相」『関西大学考古学研究室開設参拾周年 考古学論叢』関西大学，pp. 111-130

大村正子 2018「アナトリアの墳丘墓―トゥムルス―」上野祥史編『企画展示 世界の眼でみる古墳文化』国立歴史民俗博物館，pp. 24-26

韓国考古学会編（武末純一・庄田慎矢・山本孝文訳）2013『概説 韓国考古学』同成社

クノフ，T.（福永伸哉訳）2018「ヨーロッパの墳丘墓」上野祥史編前掲，pp. 99-100

近藤義郎 1977「前方後円墳の成立」『考古論集―慶祝松崎寿和先生六十三歳記念論文集』松崎寿和先生退官記念事業会，pp. 249-256

高久健二 2011「楽浪・帯方郡との関係」設楽博己・藤尾慎一郎・松木武彦編『古墳時代への胎動』（弥生時代の考古学 4）同成社，pp. 39-53

田中良之 1995『古墳時代親族構造の研究―人骨が語る古代社会―』柏書房

都出比呂志 1983「環濠集落の成立と解体」『考古学研究』第 29 巻第 4 号，pp. 14-32

都出比呂志 1991「日本古代の国家形成論序説―前方後円墳体制の提唱―」『日本史研究』第 343 号，pp. 5-39

寺澤薫 1988「纒向型前方後円墳の築造」森浩一編『考古学と技術』(同志社大学考古学シリーズ IV)，pp. 99-111

新納泉・北條芳隆・松木武彦 1992「古墳時代」春成秀爾・小野昭・小田静夫ほか編『図解・日本の人類遺跡』東京大学出版会，pp. 151-191

林俊雄 2018「中央ユーラシア草原地帯の古墳文化」上野祥史編前掲，pp. 22-23

福永伸哉 2018「欧州の墳丘墓と日本の古墳」上野祥史編前掲，pp. 111-113

北條芳隆 1999「讃岐型前方後円墳の提唱」『国家形成期の考古学―大阪大学考古学研究室 10 周年記念論集』大阪大学考古学研究室，pp. 205-229

北條芳隆 2000「前方後円墳と倭王権」北條・溝口孝司・村上恭通『古墳時代像を見なおす―成立過程と社会変革―』青木書店，pp. 77-135

間壁忠彦・間壁葭子 1977「「大塚」は古墳か否か―黒宮調査整理メモより―」『倉敷考古館研究集報』第 13 号，pp. 48-55

松木武彦 2013「墓制からみた吉備弥生社会」考古学研究会岡山例会委員会編『吉備弥生社会の新実像 吉備弥生時代のマツリ 弥生墓が語る吉備』シンポジウム記録 9，考古学研究会，pp. 25-42

松木武彦 2016『美の考古学 古代人は何に魅せられてきたか』新潮社

歴博の展示リニューアルと時代区分③

時代区分の名称と展示

藤尾 慎一郎

　2019年3月にオープン予定の歴博総合展示第1展示室「先史・古代」リニューアルは，1983年の開館以来，大テーマの変更を含む初の大がかりなものである。

　この間，日本の先史時代研究の中で最大の成果といえるのは，AMS-炭素14年代測定によって各時代をもっとも特徴づける歴史イベントの出現もしくは開始年代が大幅にさかのぼったり，特定されたりしたことである。

　縄文土器の出現が約3500年さかのぼり，約1万6000年前には出現していたこと。水田稲作の開始が約500年さかのぼり，紀元前10世紀後半には始まっていたこと。最古の定型化した前方後円墳である奈良県箸墓古墳（はしはか）が西暦240～260年のどこかで成立していたことなどがあげられよう。

　ここでは，こうした新しい調査・研究成果を受けて，歴博は先史時代をどのように展示したのか，新しいテーマは何か，時代区分との関係は，世界の先史時代との関係は，などの諸問題について解説する。

「原始・古代」から「先史・古代」へ

　総合展示第1展示室は開館以来，「原始・古代」という名称で呼ばれたが，リニューアルを機に「先史・古代」に変更した。古代という名称は，第2展示室以降に続く中世や近世という用語と同様に文字や史料が存在する「歴史」に相当するが，原始だけは異質な用語である。

　角田文衞によれば，原始は歴史用語ではなく，いわゆる俗語で，戦前に神代や太古と呼ばれていた時代を，戦後になってしっかりとした議論もせずに原始に切り替えたという経緯があるようだ。

　原始の語源をたどると19世紀にまでさかのぼる。文明社会に対する野蛮・

未開な状態のことを指し，文明にいたる過程のことを指す。

　『岩波講座日本歴史』第 1 巻は，2013 年に刊行された最新版でも「原始・古代 1」とされているし，歴史学研究会・日本史研究会編の『講座・日本歴史』1 は，1984 年刊行分までやはり「原始・古代 1」であった。原始は歴博が開館した 1983 年当時の歴史学界の共通認識であったことがわかる。

　確かに文字や史料がなければ歴史ではないという意味の先史を使うと，文字がもともとないインカ文明なども歴史ではなくなるので適切ではないことはわかる。

　ではなぜ今回，先史へ変更したのか。1 つは人類学など他の学問分野の動向がある。かつて「原始人」と呼んでいたホモ・サピエンス以前の人びとを，現在はアウストラロピテクスなどの属名で呼ぶことが一般的になっている。

　もう 1 つは，文字こそないが，AMS-炭素 14 年代測定をもとに旧石器時代から古墳時代にかけて高精度な較正暦年代という暦を歴博が構築しているからだ。暦のある時代をもはや歴史ではないとはいえないだろう。

　もともと先史は，文字や史料のあり方を基準にした先史→原史→歴史という一連の段階を示す用語である。聞き慣れない原史という用語は，古代に比べると未だ文献が豊富ではない時代を指し，日本の場合は古墳時代や楽浪郡設置以降の弥生時代を指す。現在は先史と原史をあわせて先史と呼ぶことが一般的だそうだ。

日本列島の先史時代の時代区分と大テーマとの関係

　歴博の総合展示はテーマ制をとっていて，必ずしも時代区分と一致しているわけではない。今回のリニューアルで用いた時代区分の基準は，年代を除けば旧展示と変わらない。縄文時代は 1 万 6000 年前の土器の出現，弥生時代は紀元前 10 世紀後半の水田稲作のはじまり，古墳時代は西暦 3 世紀半ばの定型化した前方後円墳である箸墓古墳の出現，古代は 7 世紀の飛鳥の宮の成立である。

　時代区分と 6 つの大テーマとの関係は以下のとおりである。

Ⅰ　最終氷期に生きた人々　旧石器〜縄文草創期（約3万7000〜約1万1500年前）

Ⅱ　多様な縄文列島　縄文早期〜縄文晩期（約1万1500年前〜紀元前4世紀前葉）

Ⅲ　水田稲作のはじまり　縄文晩期〜弥生中期中ごろ（紀元前13世紀〜紀元前3世紀）

Ⅳ　倭の登場　弥生中期後半〜後期末（紀元前2世紀〜後3世紀）

Ⅴ　倭の前方後円墳と東アジア　古墳（3〜6世紀）

Ⅵ　古代国家と列島世界　古代（7〜10世紀）

まとめると，縄文時代のはじまりと第Ⅱテーマのはじまりは一致していない。弥生時代のはじまりと第Ⅲテーマのはじまりも一致していない。弥生時代が始まって700年ぐらいたった後で第Ⅳテーマが始まる。なお第Ⅴ・Ⅵテーマのはじまりは古墳，古代のはじまりと一致している。

なぜ，一致させなかったのか。旧展示では，各テーマの冒頭にその時代を象徴するものを設置した。たとえば，縄文時代のはじまりは縄文土器，弥生時代のはじまりは水田稲作を象徴する高床倉庫，古墳時代のはじまりは定型化した前方後円墳である箸墓古墳，古代のはじまりは平城京の羅城門である。

この手法は，時代の象徴を端的にみせることで，ここから新しい時代が始まったことを理解するのには効果的であったが，時代と時代の変わり目や推移がわかりにくいという批判もあった。ほかにも，気候変動など環境変化との関係や，東アジアという国際世界との関係などにも意識した展示を目指した。

世界の先史時代との関係

諸外国から歴博を訪れる観客に，日本の先史時代が世界史のどの段階に相当するのかを理解してもらうことは重要である。そこで，四大文明以外の先史時代として，ブリテン島と朝鮮半島南部を取り上げる。ブリテン島は日本列島と同じく文明の中心から遠く離れた大陸の縁にある島国という共通点をもつ。また朝鮮半島南部は，日本列島にもっとも近く，また文明の中心である中国に接

するという特徴をもつからである。

1　ブリテン島

　先史時代は，旧石器→中石器→新石器→青銅器→鉄器時代と変遷する。日本列島や朝鮮半島南部との最大の違いは中石器時代の存在である。中石器時代とは，旧石器時代と新石器時代との間の遺物をつなぐ中間的・過渡的な遺物が属する時代である。紀元前8500年ごろに始まり，磨製石器や土器のない段階であることから，旧石器時代の終わりに位置づけられることも多いという。

　気候的には解氷期に相当し，狩猟・漁撈・植物採集など獲得経済段階にある。主としてイギリス，北ヨーロッパ，旧ソ連で使われている。

　日本列島でいうと，晩氷期が終わって温暖化が始まる完新世(かんしんせい)の最初の方に相当する。磨製石器や土器がないことを除けば，遺物的には矢尻などが出現する縄文早期に相当しようか。

　紀元前3700年ごろ，ブリテン島は新石器時代に入る。農耕のはじまりと土器や磨製石器の出現が指標である。前期と後期に分かれる。

　前期には据え置き型の石皿などの石器はなく，移動性の高い生活を送っていたと考えられ，後期になってようやく定住型の農耕が始まる。

　日本考古学で農耕といえば，弥生時代の水田稲作をイメージするが，前期新石器時代の農耕とはまったく異なるものである。90年代には儀礼で用いるための儀礼食としてムギを栽培し，ウシやブタを飼っていたという説がでるほどである。水田稲作なみの社会を支える生産基盤となっていたことを示す状況証拠がそろうのは後期新石器時代になってからである。

　ブリテン島の前期新石器時代の栽培対象が穀物であるという点を除けば，クリの管理栽培や，縄文マメのドメスティケーションなどを行っている縄文との距離は，それほど遠いとはいえないのではないだろうか。ブリテン前期新石器時代は，horiculture という点で縄文前期〜晩期に相当するとみてもよいのかもしれない。

　紀元前2500年ごろ，後期新石器時代に入ったブリテン島では，農耕を確実に行っていたことを示す畑の跡や農耕具，定住を示す据え置き型の石皿などが

出てくるようになる。時間的に併行するのは縄文中期から後期への移行期だが，段階的には金属器が出現する以前の弥生早期〜前期後半に相当しようか。

紀元前2000年ごろ青銅器時代に入り，農業が盛んになるとともに，青銅製の斧や武器などを製作するようになる。段階的には弥生前期末以降に相当しようか。

イングランド南部はスズが豊富に存在したため，工業地域として発展したようである。紀元前4世紀中ごろから朝鮮半島製の青銅器を鋳つぶして新たな青銅器を鋳造していた弥生とは，原鉱石から青銅器を作っていたという点で大きく異なっている。

紀元前800年ごろから紀元後43年にローマ軍が侵攻するまでが鉄器時代である。段階的には弥生前期末以降に相当する。

ブリテン島は大陸から金属器が入ってくる点では日本列島と同じだが，青銅器と鉄器が2000年近くもずれて入ってくることで，青銅器時代，鉄器時代という時代区分が可能であった。青銅器と鉄器がほぼ同時に出現する日本列島との大きな違いである。

2　朝鮮半島南部

先史時代は21世紀になって旧石器→新石器→青銅器→鉄器時代に改められた。それ以降は原三国時代，三国時代という古代国家を意識した時代名になる。

新石器時代は後氷期(こうひょうき)になって磨製石器と土器が出現する約9000年前からである。済州島において1万500年前の土器が見つかっているが，普遍化するのが9000年前ごろである。日本の縄文早期段階に相当しようか。

7000年前に華北からの影響を受けてアワやキビの栽培が始まり，鍬，犂先，鎌などの農耕用石器が見つかるようになる。しかし縄文時代と同じく網羅的生業構造のなかの一翼を担うにすぎない。穀物こそ見つかっていないが，堅果類(けん か)の管理栽培や縄文マメのドメスティケーションなどを行っている縄文前期以降と同じ段階に相当しようか。

紀元前15世紀になると青銅器時代が始まり，本格的な畑作農耕の時代に入

る。まだ朝鮮半島南部には青銅器はなく，弥生早期以降に相当しようか。紀元前11世紀には水田稲作が始まり，紀元前10世紀には環濠集落，区画墓など有力者の墓が出現することから，社会の段階としても弥生早期後半以降に相当するとみてよいだろう。

紀元前600年ごろから鉄器時代に入るが，朝鮮半島南部で鉄器が出現するのは紀元前400年ごろである。日本列島もほぼ同じころ，紀元前4世紀前葉には鉄器が出現し，紀元前4世紀中ごろには青銅器が有力者の墓に副葬されるようになる。

3　三地域の比較

理解をやさしくするため，日本の先史時代も利器の材質によって分けた上で比較することとしよう（図1）。

前期旧石器から始まる朝鮮半島南部と，後期旧石器時代から始まる日本列島が後氷期に入るのが約1万年前でほぼ同じである。朝鮮半島南部ではこの時，磨製石器と土器が出現するが，日本列島は3万年前から磨製石器があり，晩氷期から土器がある点が異なる。

朝鮮半島南部の新石器時代も日本の縄文時代も網羅的生業構造のなかにある点では同じで，その一翼を担うのが朝鮮半島南部の場合はアワ・キビ栽培や家畜の飼育であり，縄文の場合は堅果類の管理栽培や縄文マメのドメスティケーションである。穀物栽培をやっていないから縄文時代が新石器時代にはあたらないといえるだろうか。

選択的生業構造のなかで穀物栽培が特化するのは，青銅器時代と弥生時代である。青銅器を紀元前12世紀ごろからもつ朝鮮半島南部と遼寧式青銅器文化の末端に位置づけられた九州北部地方などは，青銅器時代に相当するといってもよい。環濠集落や区画墓の存在から農耕社会が成立し有力者が存在していることからも肯首できる。

朝鮮半島南部の鉄器時代は紀元前600年ごろ，日本列島の鉄器時代は紀元前380年ごろからである。朝鮮半島南部においては青銅器時代から鉄器時代へと移行するが，日本列島の金属器時代が鉄器から始まるのは，朝鮮半島南部が文

較正年代	ブリテン島	朝鮮半島南部	日本列島		テーマ
1万6,000年前	旧石器時代	旧石器時代	旧石器時代 土器の出現	草創期	I
1万1,500年前	10,500	土器の出現 済州島	中石器時代 土器の出現 北海道	早期	
9,000年前	中石器時代	9,000 土器の出現 本土 アワ・キビ栽培			
7,000年前		新石器時代	クリ管理栽培 6,000	前期	II
5,400年前	5,700 土器の出現 ムギ作		4,900 縄文ダイズ・アズキ	中期	
4,500年前	新石器時代		新石器時代	後期	
3,200年前	3,900 青銅器時代	3,500 畑作農耕 水田稲作		晩期	
紀元前950年	950	青銅器時代	水田稲作 青銅器時代	早期	
紀元前780年 紀元前700年	鉄器時代	600 鉄器時代		前期	
紀元前350年			380 鉄器時代	中期	III
紀元前50年				後期	IV
紀元後250年	AD43 ローマ時代	原三国時代 三国時代	古墳時代		V

図1　ブリテン島・朝鮮半島南部・日本列島における先史時代の比較

明の中心である中国に近いという地理的な特性にあることと無関係ではあるまい。

編者・執筆者紹介 (執筆順)

藤尾慎一郎 (ふじお しんいちろう)
1959 年生／国立歴史民俗博物館教授
主要著書：『弥生文化像の新構築』吉川弘文館，2013 年
　　　　　『弥生時代の歴史』講談社現代新書，2015 年

木下尚子 (きのした なおこ)
1954 年生／熊本大学人文社会科学研究部教授
主要著書・論文：『南島貝文化の研究―貝の道の考古学』法政大学出版局，1996 年
　　　　　「先史琉球人の海上移動と文化―台湾と八重山諸島の文化交流の解明にむけて」『文学部論叢』熊本大学文学部，2018 年

李昌熙 (イ チャンヒ)
1978 年生／韓国・釜山大学校考古学科教授
主要著書論文：「弁韓社会の中心地移動論」『嶺南考古学』76，嶺南考古学会，2016 年
　　　　　「紀元前 1 千年紀における韓日併行関係の再構築」『考古広場』20，釜山考古学研究会，2017 年

アレックス・ベイリス
イギリス・Historic England
主要著書：Bayliss, A, Bronk Ramsey, C, van der Plicht, J, and Whittle, A, 2007 Bradshaw and Bayes: towards a timetable for the Neolithic, Cambridge Archaeological Journal, 17 (suppl), 1-28
　　　　　Bayliss, A, 2015 Quality in Bayesian chronological models in archaeology, World Archaeol, 47, 677-700

坂本　稔（さかもと　みのる）

1965年生／国立歴史民俗博物館教授
主要著書・論文：『築何年？　炭素で調べる古建築の年代研究』（共編），吉川弘文館，2015年
　　　　　　　Fine structure and reproducibility of radiocarbon ages of middle to early modern Japanese tree rings. SAKAMOTO Minoru, HAKOZAKI Masataka, NAKAO Nanae, NAKATSUKA Takeshi Radiocarbon 59(6) pp-1907-1917 2017年12月

工藤雄一郎（くどう　ゆういちろう）

1976年生／国立歴史民俗博物館准教授
主要著書：『旧石器・縄文時代の環境文化史―高精度放射性炭素年代測定と考古学―』新泉社，2012年
　　　　　『ここまでわかった！　縄文人の植物利用』（共編），新泉社，2014年

山田康弘（やまだ　やすひろ）

1967年生／国立歴史民俗博物館教授
主要著書：『老人と子供の考古学』吉川弘文館，2014年
　　　　　『つくられた縄文時代―日本文化の原像を探る―』新潮選書，2015年

松木武彦（まつぎ　たけひこ）

1961年生／国立歴史民俗博物館教授
主要著書：『日本列島の戦争と初期国家形成』東京大学出版会，2007年
　　　　　『古墳とはなにか―認知考古学からみる古代―』角川学芸出版，2011年

| 再考！　縄文と弥生
日本先史文化の再構築

2019年（平成31）3月10日　第1刷発行

編者　国立歴史民俗博物館
　　　藤尾慎一郎

発行者　吉川道郎

発行所　株式会社 吉川弘文館
〒113-0033 東京都文京区本郷7丁目2番8号
電話 03-3813-9151〈代〉
振替口座 00100-5-244
http://www.yoshikawa-k.co.jp/

印刷＝株式会社 三秀舎
製本＝ナショナル製本協同組合
装幀＝清水良洋・高橋奈々

© National Museum of Japanese History, Shin'ichirō Fujio 2019.
Printed in Japan
ISBN 978-4-642-08349-2

JCOPY〈出版者著作権管理機構　委託出版物〉
本書の無断複写は著作権法上での例外を除き禁じられています．複写される場合は，そのつど事前に，出版者著作権管理機構（電話 03-5244-5088, FAX 03-5244-5089, e-mail : info@jcopy.or.jp）の許諾を得てください．

縄文時代
その枠組・文化・社会をどう捉えるか？
（歴博フォーラム）

山田康弘・国立歴史民俗博物館編

今日、考古学のみならず年代学や動植物学・人類学などの研究成果により、縄文の時代像が多様になってきている。縄文文化の範囲や地域性、社会の複雑化など、気鋭の研究者たちが論じ、縄文時代研究の到達点を示す。

四六判・240頁／2,700円

〈新〉弥生時代
500年早かった水田稲作
（歴史文化ライブラリー）

藤尾慎一郎著

「炭素14年代測定法」の衝撃が、これまでの弥生文化像を覆しつつある。東アジアの国際情勢、鉄器がない当初の数百年、広まりの遅い水田稲作、村や墳墓の景観…。500年遡る〈新〉弥生時代における日本列島像を描く。

四六判・288頁／1,800円

ここが変わる！日本の考古学
先史・古代史研究の最前線

藤尾慎一郎・松木武彦編

近年の考古学の研究成果を受けて、日本の古代史像が大きく変化してきている。旧石器・縄文・弥生・古墳・古代、各時代の最新のイメージと分析手法の進展を、第一線で活躍する考古学・古代史研究者が平易に解説する。

Ａ5判・206頁・原色口絵4頁／2,000円

築何年？
炭素で調べる古建築の年代研究
（歴博フォーラム）

坂本　稔・中尾七重・国立歴史民俗博物館編

歴史的建造物の年代調査に、炭素14年代法が大きな成果をあげるようになった。最新の測定法の原理から、宮島や鞆の浦の町家、鑁阿寺本堂など実際の事例、年輪年代法などとの相互検証まで、年代研究の最前線へと誘う。

四六判・208頁・原色口絵4頁／2,700円

吉川弘文館　　　価格は税別